Lars-Michael Lehmann

Was ist Legasthenie, LRS und Dyskalkulie?

Lars-Michael Lehmann

Was ist Legasthenie, LRS und Dyskalkulie?

Es gibt unterschiedliche Schwächen, die man unterscheiden muss - Meine Sicht auf die Vereinheitlichung im Bildungswesen

Bloggingbooks

Impressum / Imprint
Bibliografische Information der Deutschen Nationalbibliothek: Die Deutsche Nationalbibliothek verzeichnet diese Publikation in der Deutschen Nationalbibliografie; detaillierte bibliografische Daten sind im Internet über http://dnb.d-nb.de abrufbar.

Bibliographic information published by the Deutsche Nationalbibliothek: The Deutsche Nationalbibliothek lists this publication in the Deutsche Nationalbibliografie; detailed bibliographic data are available in the Internet at http://dnb.d-nb.de.

Coverbild / Cover image: www.ingimage.com

Verlag / Publisher:
Bloggingbooks
ist ein Imprint der / is a trademark of
AV Akademikerverlag GmbH & Co. KG
Heinrich-Böcking-Str. 6-8, 66121 Saarbrücken, Deutschland / Germany
Email: info@bloggingbooks.de

Herstellung: siehe letzte Seite /
Printed at: see last page
ISBN: 978-3-8417-7074-5

Inhaltsverzeichnis

Danke

Hier ein Dankeschön an meine Ehefrau Anke Lehmann, das sie mir den Rücken freigehalten hat, um diese Sachtexte über die letzten Jahre schreiben zu können.

Ein weiterer Dank gilt auch meinem Freund Thomas, der mich immer wieder ermutigt hat, dranzubleiben.

Noch ein weiterer Dank geht an meine Kollegen, die ich sehr schätze: Dr. Astrid Kopp-Duller, Mario Engen, Mirko Mieland vom Ersten Österreichischen Dachverband Legasthenie e. V. und Deutscher Dachverband Legasthenie e. V.

Vorwort

Ich freue mich, dass Sie mein Buch in den Händen halten. In den letzten sechs Jahren schreibe ich sehr intensiv über dieses Sachthema als betroffener Spezialist.

Weil dieses Leid, was viele Legastheniker mit guter Begabung am eigenen Leibe erfahren haben, sehe ich viele Zusammenhänge anders als manche in der Fachwelt oder der Selbsthilfeverbände. Denn ich bin gegen diese ungerechte Vereinheitlichung, die im Bildungswesen (LRS) oder die im Gesundheitswesen nach der ICD-10 als Lese- und Rechtschreibstörung definiert wird.

Nein, ich teile die wissenschaftlich erkannten Zusammenhänge von Dr. Kopp-Duller unserer Präsidentin des EÖDL und DVLD, die die verschiedenen Ursachen und Symptome für eine pädagogische Diagnostik und Förderung in erworbene LRS / Rechenschwäche und genetische bedingte Legasthenie / Dyskalkulie differenziert. Nach meiner Sicht kann man nur mit einer Unterscheidung der Probleme den Betroffenen umfassend helfen.

Der Differenzierungstreit[1] wird in der Wissenschaft und Verbandswelt auf Kosten von uns Betroffenen geführt. Es gibt große Unterschiede bei den verschiedenen Schwächen, die Fachwelt, die sich weigert[2], scheint nicht das Interesse eine umfassende Förderung und Integration von uns Betroffenen im Blick zu haben, sondern an dem Diktat einer sehr einseitigen medizinisch-psychologischen Fachrichtung sowie der Bildungspolitik, die sich sowie mit Differenzierung im öffentlichen Bildungswesen schwer tut.

Wir sind mit der Diskussion noch lange nicht am Ende! Differenzierung statt Vereinheitlichung braucht dieses Sachgebiet. Denn ich beobachte dieses Durcheinander im Bildungswesen und in der Fachwelt. Die Selbsthilfeverbände wie der Bundesverband Legasthenie und Dyskalkulie e. V. ist jedenfalls in dieser Diskussion hinderlich, weil

[1] http://de.wikipedia.org/wiki/Legasthenie#Kritik_am_Legastheniekonstrukt

[2] http://www.sprachdidakt.de/pages/legasthenie-und-lrs/begrifflichkeit/legasthenie-und-lrs---unterschied.php

dieser Verband sich schon lange keine Lobby für uns Betroffene darstellt.

Über diese Zusammenhänge habe ich mir die letzten Jahre Gedanken gemacht, mein eigenes scheitern im öffentlichen Bildungswesen, die vielen Fehldiagnosen und Fehleinschätzungen waren damals der Auslöser mich 2007 öffentlich mit diesem sehr komplexen Sachthema auseinanderzusetzen.

Meine Arbeit und Forschung ist noch lange nicht abgeschlossen und ich bin auch noch nicht am Ende meiner wissenschaftlichen Erkenntnis angelangt. Die kommenden Jahre werde ich Aufklären und auf dem Gebiet der empirischen Legasthenie- und Dyskalkulieforschung (Bildungsforschung)[3] Pionierarbeit leisten.

2010 habe ich in Dresden die private Bildungs- und Forschungseinrichtung Legasthenie Coaching [4] gegründet. Die letzten Jahre haben wir von vielen Betroffenen und öffentlichen Einrichtungen Anerkennung und Wertschätzung unserer Arbeit erfahren.

Die Blogbeiträge sind aus meiner langjährigen Forschung, meinen persönlichen Erfahrungen und meiner Arbeit mit den Betroffenen entstanden.

Meine Arbeit ist heute meine Passion und Berufung.

Es wird sicherlich nicht mein letztes Buch, was ich schreibe.

Ich wünsche Ihnen viel Spaß beim Lesen!

Dresden, den 27.09.2012

Ihr Lars-Michael Lehmann

Diplomierter Legasthenietrainer (EÖDL) und Legasthenieexperte, Fachjournalist

---

[3] http://www.legasthenie-coaching.de/uber-uns/dyslexia-research-dresden/

[4] www.legasthenie-coaching.de

Definition und Symptome

Was ist Legasthenie, LRS und Dyskalkulie?

Seit dem 19. Jahrhundert erforschte die Medizin die Ursachen von Lese- und Rechtschreibschwächen und seit etwa 40 Jahren die Rechenschwächen, es folgte die Psychologie, die bis heute viele Zusammenhänge erkannt hat.

In den letzten 30 Jahren sind neue Disziplinen hinzugekommen wie die Pädagogik, Neurowissenschaft, Humangenetik und Intelligenzforschung.

Bis heute gibt es leider nur sehr wenig fachübergreifende Zusammenarbeit auf den Gebieten der Legasthenie- und Dyskalkulieforschung, deswegen gibt es eine Vielzahl von Theorien. In unserer Fachwelt herrscht bis heute, keine Einigkeit, die sich an einer Definition orientiert.

Will man aber die Ursachen und Wirkungen umfassend verstehen darf man nicht nur eine eindimensionale Perspektive haben, um die Probleme entsprechend der Lebenswirklichkeit zu verstehen, sondern man benötigt eine fachübergreifende wissenschaftliche Sichtweise.

Im Bildungswesen kennt man nur den undifferenzierten Begriff für Lese- und Rechtschreibschwäche (LRS) oder Rechenschwäche, der nur eine grobe Zusammenfassung der Schreib- und Regelfehler oder auch Rechenfehler bedeutet aber nicht die wirklichen Ursachen berücksichtig und erkennen kann. Der medizisch-psychologische Ansatz kennt genauso nur eine Lese-Rechtschreibstörung und Rechenstörung (nach der Klassifikation der ICD-10 der psychischen Störungen). Nach unseren Erfahrungen zeigt auch uns diese Herleitung keine theoretische Basis, um Betroffene umfassend zu fördern.

"Ein legasthener Mensch, bei guter oder durchschnittlicher Intelligenz, nimmt seine Umwelt differenziert anders wahr, seine Aufmerksamkeit lässt, wenn er auf Symbole, wie Buchstaben oder Zahlen trifft, nach, da er sie durch seine differenzierten Teilleistungen anders empfindet als nicht legasthene Menschen, dadurch ergeben sich Schwierigkeiten beim Erlernen des Lesens, Schreibens oder Rechnens."[5]
(Pädagogische Definition von Dr. Astrid Kopp-Duller, 2005)

Dr. Kopp-Duller hat nach unserem Verständnis die beste Basis für meine wissenschaftliche Arbeit gelegt. Ihre Definition spiegelt die reale Lebens- und Lernwirklichkeit legasthener/dyskalkuler Menschen wieder, auch sie vertritt unseren differenzierten Ansatz erworbener LRS/Rechenschwächen.

Anhand dieser Definition werden wir im Rahmen unseres Forschungsprojektes Dyslexia Research Dresden unsere empirische Legasthenie- und Dyskalkulieforschung (Bildungsforschung) durchführen. Wir haben Dr. Kopp-Dullers erstellte Definition weitergedacht und haben sie auf die praktische Beobachtung in unserer Arbeit mit den Betroffenen übertragen.

Legasthenie (Dyslexia)

Wenn man von einer Legasthenie (Dyslexia) spricht, ist sie immer eine genetisch bedingte Anlage, die bei einem oder mehreren Familienmitgliedern beobachtet wird. Nicht selten kann man diese Probleme über mehrere Generationen zurückverfolgen.

Diese Anlage verursacht ungleichmäßige Sinnesfunktionen (Teilleistungen), die unabhängig von Erkrankungen der Sinne (Augen und Ohren) bei normalem Seh- und Hörvermögen, der geistigen Entwicklung und der psychischen Entwicklung sind. Denn eine Legasthenie (Dyslexia) deutet auf eine durchschnittliche bis überdurchschnittliche Intelligenz hin.

Für das fehlerlose Lesen und Schreiben benötigt der Mensch „alle Sinne“, die reibungslos zusammenarbeiten. Durch eine genetische Anlage bei Legasthenikern ist

[5] http://www.legasthen.com/page2.html

dies nicht reibungslos möglich, denn eine ungleichmäßige Verschaltung der beiden Gehirnhälften verursacht ungleichmäßige Teilleistungen im visuellen und auditiven Bereich. Diese Symptome können sich bei jedem Betroffenen sehr individuell äußern. Daher setzt sich die Konzentration herab sobald der Betroffene mit dem Lesen und Schreiben konfrontiert wird. Dies verursacht verschiedene Fehlersymptome, die man Wahrnehmungsfehler nennt (Umstellung der Buchstaben in einem Wort, Weglassung oder Hinzufügung von Konsonanten usw.). Hinzu kommen auch Fehler Schreib- und Regelfehler. Die Fehlermenge kann es sich je nach Tagesform unterscheiden. Hinzu kommt noch, dass das Schriftbild je nach Tagesform unterschiedlich aussehen kann. Der Lesefluss kann von Tag zu Tag anders sein. An einem Tag wird fließender gelesen, den anderen Tag wieder stockender.

Eine Legasthenie (Dyslexia) hat man bisher in verschiedenen Kulturen der Welt beobachtet und sie hängt nicht vom sozialen Status oder der Schulform ab. Sie ist lediglich eine Normvariante der menschlichen Intelligenz, die je nach dem schulischen, wie auch sozialen Umfeld verstärkt oder kompensiert werden kann.
Wenn eine Legasthenie (Dyslexia) im Grundschulalter ohne irgendwelche Begleitsymptome auftritt, spricht man von einer Primärlegasthenie.

Nicht selten werden Legasthenien richtig bei Schülern erkannt und können daher verschiedene Begleitsymptome, die sich mit Problemen im Sozialverhalten oder der Psyche zeigen können. Wenn diese Begleiterscheinungen hinzukommen, spricht man von einer Sekundärlegasthenie.

Bei Erwachsenen spricht man von der unspezifischen Phase einer Restsymptomatik mit oder ohne sekundäre Begleitsymptome.

Symptome Legasthenie (Dyslexia)

Mögliche Symptome im Kleinkind- und Vorschulalter

- mehrfache Probleme mit Legasthenie (Dyslexia) in der Familiengeschichte,

- das erlernen des klaren Sprechens erfolgt später als erwartet, es werden Phrasen (Ausdrücke, Redeweisen) vermischt bzw. verwechselt z.B. Stück mal ein Rück statt Rücke mal ein Stück usw.,
- Kind denkt schneller als es handeln kann,
- verwendet ähnlich klingende Wörter oder bildet Ersatzwörter,
- hat eine lispelnde oder verwaschene Aussprache,
- ist teilweise unfähig, die Bezeichnung für bekannte Objekte zu behalten zum Beispiel Farben oder auch Gegenstände usw.,
- bringt richtungsweisende Wörter durcheinander vorn/hinten usw.,
- stolpert öfters als üblich, anstoßen und fallen über kleine Gegenstände,
- hat eine gute bis sehr gute Kreativität - kann gut zeichnen - hat einen guten Sinn für Farben und Formen,
- hat gute und schlechte Tage ohne ersichtlichen Grund,
- verfügt über eine gute Auffassungsgabe für konstruktives und technisches Spielzeug wie Puzzle-Spiel, Lego-Bausteine, und kann gut mit dem Fernseher, Video und Computer-Tastatur umgehen,
- zeigt kein Interesse eigenständig Buchstaben oder Wörter zu erlernen, genießt es, wenn ihm vorgelesen wird,
- Probleme beim Erlernen von Kinderliedern und kann sich diese schlecht einprägen,
- Probleme bei Reimwörtern beispielsweise Haus, Maus, Laus,
- Probleme auch beim Herausfinden eines nicht passenden Wortes: Haus, Maus, Katze, Laus,

- krabbelte nicht oder nur wenig ausgiebig - war ein so genannter 'Bodenschlürfer',
- Probleme mit Abläufen (Aneinanderreihungen), zum Beispiel farbige Perlen aneinanderreihen in einer Reihe,
- das Kind scheint wahrscheinlich ungewöhnlich intelligent zu sein.

Grundschüler von 6 bis 11 Jahren

- Größere Schwierigkeiten beim Lesen und Schreiben lernen,
- ständiges oder fortlaufendes Vertauschen von Buchstaben (mündlich oder schriftlich) (über das 8. Lebensjahr hinaus),
- Schwierigkeiten beim Behalten des Alphabets, bei Multiplizieren von Tabellen und im Erinnern von Reihenfolgen wie zum Beispiel der Tage der Woche, der Monate des Jahres und der Jahreszeiten,
- fortlaufende Schwierigkeiten beim binden von Schuhbändern, Ball fangen, Seil Springen usw.,
- Unaufmerksamkeit und verträumt sein,
- Frustration, die zur Verhaltensprobleme führen können,
- Fortlaufende Fehler beim Lesen, ein Fehlen des Leseverständnisses,
- sonderbare Aussprache, Buchstaben werden zum Beispiel ausgelassen oder in der falschen Reihenfolge ausgesprochen,
- für Schreibarbeiten wird eine überdurchschnittliche lange Zeit benötigt,
- ist in der Schule oder auch zu Hause unorganisiert,
- Probleme beim genauen abschreiben von der Tafel oder auch aus dem Lehrbuch,
- Probleme bei dem nieder- bzw. aufschreiben von mündlichen Anweisungen,

- wachsender Mangel an Selbstvertrauen und Frustration.

Schüler ab 12 bis 15 Jahren

- hat die Neigung, falsch (ungenau) oder zusammenhängend zu Lesen,
- inkonsequentes buchstabieren,
- Probleme beim planen (entwerfen) und schreiben von Aufsätzen,
- hat die Neigung, mündliche Anweisungen und Telefonnummern durcheinanderzubringen,
- zeigt ernsthafte Probleme beim Lesen und Schreiben lernen einer Fremdsprache, kann sich aber in dieser ziemlich gut mündlich ausdrücken,
- es kann sich ein geringes Selbstvertrauen zeigen.

Erwachsene

- sie haben weiterhin große Probleme mit dem Lesen und Schreiben, haben zum Teil in der Kindheit öfters LRS-Therapie oder Nachhilfe erhalten oder waren in LRS-Klassen – trotzdem haben sie weiterhin hartnäckige Probleme mit dem Lesen, Schreiben – da ihnen die Förderung nicht geholfen hat,
- in der Regel können sie sich mündlich gut bis sehr gut artikulieren - ihnen gelingt es aber meistens nicht schriftlich umzusetzen,
- haben Probleme im Lese-Text-Verständnis und können sich daher schlecht organisieren,
- mögliche Probleme bei der alltäglichen Orientierung oder Links- und Rechtsunterscheidung,
- haben ein ungleichmäßiges Schriftbild was je nach Tagesverfassung anders aussieht,

- das Lesen kann je nach Tagesverfassung besser oder schlechter sein,
- zeigen öfters eine angespannte Haltung beim Lesen und Schreiben,
- zeigen manchmal auch innere Unruhe wenn sie Lesen und Schreiben,
- verfügen über eine durchschnittliche bis überdurchschnittliche Intelligenz (Siehe Legasthenie und Hochbegabung),
- sind sehr kreativ und können sich in andere Menschen gut hineinversetzen (Empathie),
- haben eine eigene Ordnung und wirken öfters unorganisiert,
- haben Probleme mit der Zeitplanung und verzetteln sich oft,
- sie denken in größeren Zusammenhängen und fokussieren das Interesse auf Details, weil sie großflächig denken,
- lieben es unabhängig zu sein und mögen selten Hierarchien,
- sie haben öfters spannende Hobbys und sind sehr Interessen orientiert,
- zeigen öfters Minderwertigkeitskomplexe und wenig Vertrauen in ihre Fähigkeiten,
- sekundäre Begleitsymptome können sich durch verschiedene Suchterkrankungen oder depressive Verstimmungen zeigen.

© Überarbeitete Symptomliste von Dyslexia Research Dresden, die ursprüngliche Liste stammt von der Britisch Dyslexia Assocation und wurde vom EÖDL ins deutsche übersetzt.

Erworbene LRS

Spricht man von erworbenen Lese- und Rechtschreibschwächen (LRS) spricht, handelt es sich um keine genetisch bedingte Anlage, sondern sie wird durch körperliche

Erkrankungen und Umweltfaktoren erworben. Denn diese Schwächen können durch Erkrankungen der Sinnesorgane (Augen und Ohren) das Seh- und Hörvermögen beeinträchtigen und daher den Lese- und Schreibvorgang behindern.

Hinzu kommen Entwicklungsstörungen, die, die Lernfähigkeit durch eine kognitive, psychische sowie die emotionale Entwicklung behindern können. (Geistige Behinderungen, Lernbehinderungen). Zusätzlich können auch als Begleitsymptome verschiedene Störbilder: Alexien, Apasien, Dyspraxien, ADS und AD(H)S etc. auftreten.

Wenn eine erworbene Lese- und Rechtschreibschwäche (LRS) durch Umweltfaktoren erworben wird, kann es an folgenden Faktoren liegen. Denn Ursachen können sein, ein anreizschwaches soziales Umfeld in der Familie, mangelhafte Förderung im schulischen Bereich, modernes Kommunikationsverhalten (Mobiltelefone, Internet, TV-Konsum) für erworbene Schwächen sein. Zusätzlich können diese Schwächen durch verschiedene Verhaltensauffälligkeiten oder durch das soziale Umfeld verstärkt werden.

Erworbene Lese- und Rechtschreibschwächen (LRS) können in der Regel mit standardisierten LRS-Tests sowie IQ-Tests festgestellt werden, sofern keine organischen Erkrankungen der Teilleistungen (Augen und Ohren) diese behindern könnten. Denn bei erworbenen Lese- und Rechtschreibschwächen, die nur durch Umweltfaktoren beeinflusst werden, sind die Teilleistungen gleichmäßig ausgeprägt.

Standardisierte Tests ermöglichen hier eine gute Prognose der Probleme der Schreib- und Regelfehler sowie der Intelligenzmessung mit IQ-Tests damit können genaue Rückschlüsse für die schulische Entwicklung gezogen werden.

Wird die erworbene LRS durch organische Erkrankungen verursacht kann es möglich sein das die geistige Entwicklung beeinträchtigt ist. Wenn aber überwiegend Umweltfaktoren eine Rolle spielen, die man durch gezielte Intervention und Förderung beheben kann. Geht man hier von einer vorübergehenden erworbenen Lese- und Rechtschreibschwäche aus, die auch unabhängig von der Intelligenz ist.

Symptome LRS

Bei erworbenen Lese- und Rechtschreibschwächen können sich mögliche Symptome im Kleinkind- und Vorschulalter

- **Sofern keine Probleme mit der Intelligenz oder Erkrankungen der Augen und Ohren vorhanden sind, werden folgende Anzeichen nicht erkennbar sein:**
- keine erkennbaren Probleme in der Familiengeschichte,
- verwendet keine ähnlich klingende Wörter oder bildet Ersatzwörter,
- hat keine lispelnde oder verwaschene Aussprache,
- ist fähig, die Bezeichnung für bekannte Objekte zu behalten zum Beispiel Farben oder auch Gegenstände usw.,
- bringt nicht richtungsweisende Wörter durcheinander vorn/hinten etc.,
- stolpert nicht öfters als üblich, oder fällt nicht über außergewöhnlich oft über Gegenstände
- hat keine guten und schlechten Tage ohne ersichtlichen Grund,
- zeigt gemäß seiner Altersklasse Interesse eigenständig Buchstaben oder Wörter zu erlernen und - es sind erste Leseversuche zu beobachten,
- keine Probleme beim Erlernen von Kinderliedern und kann sich diese schlecht einprägen,
- keine Probleme bei Reimwörtern beispielsweise Haus, Maus, Laus,
- keine Probleme auch beim Herausfinden eines nicht passenden Wörtern: Haus, Maus, Katze, Laus,

- es gibt keine Auffälligkeiten in der Krabbelphase,
- keine Probleme mit Abläufen (Aneinanderreihungen), zum Beispiel farbige Perlen aneinanderreihen in einer Reihe,
- das Kind scheint wahrscheinlich durchschnittlich intelligent zu sein.

Grundschüler von 6 bis 11 Jahren

- kein ständiges oder fortlaufendes Vertauschen von Buchstaben (mündlich oder schriftlich) (über das 8. Lebensjahr hinaus),
- keine Schwierigkeiten beim Behalten des Alphabets, bei Multiplizieren von Tabellen und im Erinnern von Reihenfolgen wie zum Beispiel der Tage der Woche, der Monate des Jahres und der Jahreszeiten,
- keine fortlaufende Schwierigkeiten beim binden von Schuhbändern, Ball fangen, Seil Springen usw.,
- hat ein gleichmäßiges und konstantes Schriftbild
- keine Fortlaufende Fehler beim Lesen, ein Fehlen des Leseverständnisses,
- keine sonderbare Aussprache, Buchstaben werden zum Beispiel ausgelassen oder in der falschen Reihenfolge ausgesprochen,
- keine Probleme beim genauen abschreiben von der Tafel oder auch aus dem Lehrbuch,
- keine Probleme bei dem nieder- bzw. aufschreiben von mündlichen Anweisungen,
- wachsender Mangel an Selbstvertrauen und Frustration kann sich durch psychische Verhaltensaufälligkeiten zeigen,
- zeigt lediglich Flüchtigkeitsfehler oder Schreib- und Regelfehler, die konstant sind.

- keine größere Schwierigkeiten beim Lesen und schreiben lernen,
- Sollten Schüler Probleme mit der geistigen Entwicklung/Lernbehinderung haben, können die Symptome auch einer Dyskalkulie/Legasthenie zum Verwechseln ähnlich sein.

Hier ist unbedingt eine genauere testpsychologische Untersuchung ratsam!

Schüler ab 12 bis 15 Jahren

- hat keine Neigung, falsch (ungenau) oder zusammenhängend zu lesen,
- inkonsequentes buchstabieren ist nicht zu beobachten,
- auch die Schreib- und Regelfehler bleiben konstant, wie auch das Schriftbild,
- es ist keine Verwechslung der Laute (d-b, g-k, p-b usw.) zu beobachten,
- Probleme beim planen (entwerfen) und schreiben von Aufsätzen zeigen sich nicht,
- hat keine Neigung, mündliche Anweisungen und Telefonnummern durcheinanderzubringen,
- zeigt lediglich Flüchtigkeitsfehler oder Schreib- und Regelfehler,
- zeigt keine ernsthaften Probleme beim Lesen und Schreiben lernen einer Fremdsprache, kann sich aber in dieser ziemlich gut mündlich ausdrücken,
- es kann sich ein geringes Selbstvertrauen zeigen.

Erwachsene ab dem 18. Lebensjahr

- zeigt in der Regel lediglich Flüchtigkeitsfehler oder Schreib- und Regelfehler und kein auch ein konstantes Schriftbild,
- funktionaler Analphabetismus, kann als Folge des sozialen Umfeldes zu

beobachten sein.

Dyskalkulie

Wenn man von einer Dyskalkulie spricht, ist sie immer eine genetisch bedingte Anlage, die bei einem oder mehreren Familienmitgliedern beobachtet wird. Der Verdacht liegt zumindest nahe, dass eine Dyskalkulie immer in einer Kombination Dyskalkulie/Legasthenie auftritt und nicht isoliert in Erscheinung tritt. Meistens kann man diese Probleme über mehrere Generationen beobachten und zurückverfolgen. Diese Anlage verursacht ungleichmäßige Sinnesfunktionen (Teilleistungen), die unabhängig von Erkrankungen der Sinne (Augen und Ohren) bei normalem Seh- und Hörvermögen, der geistigen Entwicklung und der psychischen Entwicklung, wie sie bei einer Legasthenie zu beobachten sind. Daher müssen die engen Zusammenhänge nahe. Dyskalkulie deutet auf eine durchschnittliche bis überdurchschnittliche Intelligenz hin.

Für das fehlerlose Rechnen benötigt der Mensch „alle Sinne“, die reibungslos zusammenarbeiten. Durch eine genetische Anlage bei Dyskalkulikern ist dies nicht reibungslos möglich, denn eine ungleichmäßige Verschaltung der beiden Gehirnhälften verursacht ungleichmäßige Teilleistungen im visuellen und auditiven Bereich. Diese Symptome können sich bei jedem Betroffenen sehr individuell äußern. Daher setzt sich die Konzentration herab, sobald der Betroffene mit dem Rechnen konfrontiert wird. Dies verursacht verschiedene Fehlersymptome, die man Wahrnehmungsfehler nennt (Umstellung von Zahlen, verwechseln von Rechenoperationen usw.). Hinzu kommen auch Probleme beim Erwerb der Zahlensymbole, beim Erarbeiten des Zählprozesses sowie bei Mengen und Grundrechenarten als auch Schwierigkeiten mit dem Zeitgefühl. Die Fehlermenge kann je nach Tagesform anders sein. Hinzu kommt noch, dass das Zahlenschriftbild was je nach Tagesform unterschiedlich aussehen kann. Auch der tägliche Umgang mit dem Rechnen, wie das Abarbeiten z.B. von Hausaufgaben kann unterschiedlich schnell sein.

Dyskalkulie hat man bisher in verschiedenen Kulturen der Welt beobachtet und sie hängt nicht vom sozialen Status oder der Schulform ab. Sie ist lediglich eine Normvariante der menschlichen Intelligenz, die je nach dem schulischen als auch im sozialen Umfeld verstärkt oder kompensiert werden kann.

Wenn eine Dyskalkulie im Grundschulalter ohne irgendwelche Begleitsymptome auftritt, spricht man von einer Primärdyskalkulie. Nicht selten werden Dyskalkulien richtig bei Schülern erkannt und können daher verschiedene Begleitsymptome, die sich mit Problemen im Sozialverhalten oder der Psyche äußern können. Wenn diese Begleiterscheinungen hinzukommen, spricht man von einer Sekundärdyskalkulie. Bei Erwachsenen spricht man von der unspezifischen Phase der Restsymptomatik mit oder ohne sekundären Begleitsymptome.

Eine Dyskalkulie kann man nicht mit einem IQ-Tests oder einen standardisierten Test eindeutig diagnostizieren. Hier kann man nur die Fehlersymptome erkennen. Meistens versagt die Intelligenzmessung mit IQ-Tests bei Dyskalkulikern, weil diese Tests für gleichmäßige Teilleistungen standardisiert sind. Deswegen kann es zu ungenauen Einschätzungen der wirklichen intellektuellen Fähigkeiten kommen. Es ist zu beobachten, dass man auf der einen Seite die Intelligenz überschätzen kann, oder auch unterschätzen kann. Da die Fähigkeiten und Defizite der Betroffenen deutlich variieren können. Daher ist eine ausführliche Anamnese und Beobachtung notwendig. Eine Dyskalkulie muss von den erworbenen Rechenschwächen abgegrenzt und unterschieden werden.

Nach unseren Beobachtungen hängen die Dyskalkulie und die Legasthenie im engen Zusammenhang und müssen immer miteinander betrachtet werden. Eine Legasthenie wiederum kann man auch als isolierte Schwäche beobachten werden, was bei einer Dyskalkulie wiederum nicht der Fall ist. Obwohl es Rechenschwächen gibt, die keine Lese- und Rechtschreibprobleme aufweisen, hier spricht man von einer erworbenen

Rechenschwäche.

Symptome Dyskalkulie

Mögliche Symptome im Kleinkind- und Vorschulalter

- mehrfache Probleme mit Dyskalkulie/Legasthenie in der Familiengeschichte mit ähnlichen Symptomen einer Legasthenie.

Grundschüler von 6 bis 11 Jahren

- Probleme beim Vor- und Rückwärtsrechnen,
- Große Schwierigkeiten beim Erlernen der Grundrechenarten,
- ständiges oder fortlaufendes Vertauschen und durcheinanderbringen von Mengen, Zehnerüberschreitung, Zeit- und Tagesabläufen (mündlich oder schriftlich) (über das 8. Lebensjahr hinaus),
- Schwierigkeiten beim Behalten des einmal eins und im Erinnern von Reihenfolgen wie zum Beispiel der Tage der Woche, der Monate des Jahres und der Jahreszeiten,
- fortlaufende Schwierigkeiten beim binden von Schuhbändern, Ball fangen, Seilspringen usw.,
- Unaufmerksamkeit und verträumt sein,
- Frustration, die zu Verhaltensproblemen führen können,
- Fortlaufende Fehler beim Rechnen, ein Fehlen bei Rechnenoperationen,
- für Rechenarbeiten wird eine überdurchschnittliche lange Zeit benötigt,
- Probleme beim genauen abschreiben von der Tafel oder auch aus dem Lehrbuch,
- trotzt Nachhilfe oder Förderunterricht bleiben die Probleme hartnäckig,

- wachsender Mangel an Selbstvertrauen und Frustration.

Schüler ab 12 bis 15 Jahren

- hat die Neigung, falsch (ungenau) oder zusammenhängend zu Rechnen
- inkonsequentes und oberflächliches Abarbeiten der Rechenaufgaben,
- Probleme beim Umsetzen der Rechenaufgaben im alltäglichen Bezug,
- hat die Neigung, mündliche Anweisungen und Telefonnummern durcheinanderzubringen,
- hat noch immer große Probleme grundlegender Rechenfertigkeiten wie Addition, Subtraktion, Multiplikation und Division, weniger die höheren mathematischen Fertigkeiten wie Algebra, Trigonometrie, Geometrie oder Differential- und Integralrechnung,
- der Schüler scheint aber eine gute Intelligenz zu haben,
- es kann sich ein geringes Selbstvertrauen zeigen.

Erwachsene ab den 18. Lebensalter

- in dieser Phase wird oft erst eine Kombination aus Dyskalkulie/Legasthenie diagnostiziert, weil man, die Betroffenen falsch eingeschätzt hatte (siehe auch Symptome bei Legasthenie bei Erwachsenen) Nicht wenige Betroffene gingen deswegen auf eine Förderschule für Lernbehinderte oder haben einen Schulabschluss weit unter ihren Möglichkeiten erhalten,
- Mögliche Probleme bei der alltäglichen Orientierung oder Links und Rechtsunterscheidung,
- haben ein ungleichmäßiges Zahlenschriftbild was je nach Tagesverfassung anders sein kann,

- der Umgang mit dem Rechnen kann je nach Tagesverfassung besser oder schlechter sein,
- zeigen öfters eine angespannte Haltung beim Rechnen,
- zeigen manchmal auch innere Unruhe wenn sie Rechnen,
- verfügen über eine durchschnittliche bis überdurchschnittliche Intelligenz,
- haben aber allgemein mit dem Alltagsrechnen (Lohnberechnung, einkaufen gehen, Mengengrößen, Zeitabstände usw. richtig abschätzen gelingt nicht immer)
- Betroffene wirken bei der genauen Beobachtung ziemlich intelligent, obwohl sie Probleme in Mathematik haben.

Wenn wir eine Dyskalkulie beobachten, beobachten wir nicht nur Probleme in den mathematischen Fähigkeiten, sondern auch dieselben Symptome wie bei einer Legasthenie. Deswegen sollte man sich auch die Symptome der Legasthenie (Dyslexia) besonders bei Grundschülern ansehen.

Erworbene Rechenschwäche

Wenn man von einer erworbenen Rechenschwäche spricht, handelt es sich um keine genetisch bedingte Anlage, sondern sie wird durch körperliche Erkrankungen und Umweltfaktoren erworben. Denn diese Schwächen können durch Erkrankungen der Sinnesorgane (Augen und Ohren) das Seh- und Hörvermögen beeinträchtigen und daher wird das erlernen des Rechens beeinträchtigen. Hinzu kommen Entwicklungsstörungen, die, die Lernfähigkeit durch eine kognitive, psychische sowie die emotionale Entwicklung behindern können. Zusätzlich können auch als Begleitsymptome verschiedene Störbilder: Alexien, Apasien, Dyspraxien, etc. auftreten.

Wenn eine erworbene Rechenschwäche durch Umweltfaktoren erworben wird, kann es an folgenden Faktoren liegen. Denn Ursachen können sein, ein anreizschwaches soziales Umfeld in der Familie, mangelhafte Förderung im schulischen Bereich, modernes Kommunikationsverhalten (Mobiltelefone, Internet, TV-Konsum) für erworbene Schwächen sein. Zusätzlich können diese Schwächen durch verschiedene Verhaltensauffälligkeiten oder dem sozialen Umfeld verstärkt werden.

Erworbene Rechenschwächen können in der Regel mit standardisierten Rechen-Tests sowie IQ-Tests festgestellt werden, sofern keine organischen Erkrankungen der Teilleistungen (Augen und Ohren) diese behindern könnten. Denn bei erworbenen Rechenschwächen, die nur durch Umweltfaktoren beeinflusst werden, sind die Teilleistungen gleichmäßig ausgeprägt. Standardisierte Tests ermöglichen hier eine gute Prognose der tatsächlichen Intelligenz und es können deutliche Rückschlüsse gezogen werden.

Wird die Rechenschwäche durch organische Erkrankungen verursacht kann es möglich sein das die geistige Entwicklung beeinträchtigt ist. Wenn aber überwiegend Umweltfaktoren eine Rolle spielen, die man durch gezielte Intervention und Förderung beheben kann. Geht man hier von einer vorübergehenden erworbenen Rechenschwäche aus, die auch unabhängig von der Intelligenz ist.

Symptome Rechenschwäche

Bei erworbenen Rechenschwächen können sich mögliche Symptome im Kleinkind- und Vorschulalter.

- es gibt für eine erworbene Rechenschwäche wie bei der erworbenen Lese- und Rechtschreibschwäche (LRS) keine Indizien für eine familiäre Veranlagung
- kann durch Mängel in der geistigen Entwicklung,
- durch Erkrankungen der Augen und Ohren,

- durch mangelnde Frühförderung im sozialen Umfeld erworben sein.
- in dieser Phase können sich jedoch zum verwechseln ähnliche Symptome einer Legasthenie/Dyskalkulie zeigen.

Grundschüler von 6 bis 11 Jahren

- sofern es keine Mängel in der geistigen Entwicklung oder der Augen und Ohren gibt, werden sich die Symptome im Gegensatz zu einer Dyskalkulie nicht ähneln,
- es zeigen sich keine Verständnisprobleme,
- ab dem 8. Lebensjahr vertauschen sie auch keine Zahlen mehr,
- zeigen keine Probleme beim erlernen der Uhr
- haben keine Probleme im räumlichen Sehen und können sich gut orientieren,
- erlernen ohne Probleme das Einmaleins und die Grundrechenarten,
- sie zeigen ein konstantes Zahlenschriftbild,
- können Zahlen Vor- und Rückwärtszählen,
- haben keine Probleme Mengen, Größen und Zeitabstände um einen Bezug für das alltägliche Leben zu erfassen,
- können aber Probleme in der Aufmerksamkeit und Konzentration (ADS und ADHS) zeigen,
- machen Flüchtigkeitsfehler obwohl sie sonst keine Probleme haben,
- zeigen kleine Regelfehler beim Rechnen,
- haben Motivationsprobleme,
- es gibt eventuell Probleme im sozialen Umfeld,
- es können sich emotionale oder seelische Symptome zeigen,

- oder es kann auch an einer unzureichenden schulischen Vermittlung des Lernstoffs liegen.

Sollten Schüler Probleme mit der geistigen Entwicklung/Lernbehinderung haben, können die Symptome auch einer Dyskalkulie zum Verwechseln ähnlich sein. Hier ist unbedingt eine genauere testpsychologische Untersuchung ratsam!

Schüler ab 12 bis 15 Jahren

- sie hatten in den Grundschulenjahren davor keine ersichtlichen Probleme,
- zeigen Flüchtigkeitsfehler mit Rechenfehlern haben aber keine Symptome einer Dyskalkulie
- zeigen auch weiterhin ein konstantes Zahlenschriftbild,
- auch die höhere Mathematik stellt keine Probleme dar, es werden aber trotzdem immer wieder Fehler gemacht die aber überwiegend an der schulischen Wissensvermittlung, oder an emotionalen und psychischen Problemen liegen können,
- haben auch keine größeren Probleme Text-Aufgaben zu lösen,
- Motivationsprobleme und Lernunlust,
- keine Probleme mit Zahlensymbolen, beim Erarbeiten des Zählprozesses sowie bei Mengen und Grundrechenarten als auch Schwierigkeiten mit dem Zeitgefühl
- sie können über eine durchschnittlich normale Intelligenz verfügen.

Erwachsene den 18. Lebensjahr

- keine Probleme mit Zahlensymbolen, beim Erarbeiten des Zählprozesses sowie bei Mengen und Grundrechenarten als auch Schwierigkeiten mit dem Zeitgefühl.

Fachbeträge (1998-2012)

Was für einen Beruf sollte ein Legastheniker ausüben?

Wir sind schon seit langer Zeit der Meinung, dass ein Legastheniker jeden Beruf ausüben kann, den er auch möchte. Wichtig ist die frühe Förderung, die persönlich und umfassend sein muss. Dann klappt es auch mit dem individuellen Berufswunsch.

Man bleibt zwar ein Legastheniker ein Leben lang, kann aber diese Schwierigkeiten durch umfassendes und regelmäßiges Training gut in den Griff bekommen. Dies erfordert viel Geduld und jahrelanges Arbeiten an den Schwierigkeiten, um die Probleme gut kompensieren zu können. Besonders wichtig ist es, das man sich wegen dieser Schwierigkeiten nicht schämt. Niemand ist in allen Bereichen überdurchschnittlich gut! Wir Menschen sind eben Individuen, die sehr farbenreich sind. So darf man sich auch als Legastheniker verstehen! Wir haben unsere Schwierigkeiten, die andere nicht verstehen – können oder auch manchmal nicht wollen. Dafür haben wir wieder besondere Fähigkeiten, die ganz speziell zu uns gehören. Ja, sie machen uns als Legastheniker, erst zu dem, was uns von allen anderen unterscheidet. Wir sind einfühlsamer, kreativ, denken gleichzeitig in mehreren Perspektiven, sind musikalisch oder können wunderbar mit Menschen umgehen.

Legastheniker haben also sehr gute Chancen einen Beruf auszuüben, der Ihnen ganz individuell entspricht. Es gibt auch keine wissenschaftlichen Hinweise, die dagegensprechen würden. Es muss nicht immer der herausragende Beruf sein, oder ein Nobelpreisträger herauskommen. Darum geht es nicht, sondern es soll jeder den Beruf ausüben können, für den er gemacht ist. Sicherlich kann manchmal ein Nobelpreisträger herauskommen. Warum nicht?

Uns sind jedenfalls keine Berufe bekannt, wo Legastheniker nicht eingesetzt werden können. Wir kennen welche aus folgenden Berufen: Handwerker, Gesundheitsberufe,

Sozialarbeiter, Künstler, Wissenschaftler aus vielen Disziplinen, Manager, Schriftsteller und Journalisten, Juristen, Architekten, einige Erfinder und Unternehmer.

Darum sollte man, niemals nie sagen! Man kann es also schaffen den Beruf für das Leben, zu verwirklichen. Es braucht sehr viel mehr Arbeit und langen Atem, als was nicht-legasthene investieren müssen. Unser persönlicher Einsatz ist gefragt, auch wenn es harte Arbeit ist. Diese wird sich aber lohnen, denn dann werden wir auch den Beruf ausüben können, den wir ganz persönlich ausgesucht haben.

Bekannte Personen mit Legasthenie

Agatha Christie (1890-1976, englische Krimiautoren)

Albert Einstein* (1879-1955, deutscher Physiker, Entdecker der Relativitätstheorie)

Alfred Hitchcock (1899-1980, britischer Filmregisseur und Filmproduzent, besonders von Krimis)

Anita Roddick (britische Unternehmerin, The Body Shop Gründerinnen, Friedensaktivisten)

Andrej Ammann (Jahrgang 1973, Ex-Nationalcoach, moderner Fünfkampf und Autor des Buches Dudle)

Auguste Rodin (1840-1917 französische Bildhauer „die Bürger von Calais" und „der Kuss")

Betarice Mountbatten-Windsor (Prinzessin von York)

Benjamin Zephaniah (Dichter, Musiker, Schriftsteller)

Bill Gattes (Gründer von Microsoft und drittreichster Mensch der Welt)

Bill Heweltt (Mitbegründer von Hewlett-Packard)

Charles Darwin (Erfinder der Evolutionstheorie)

Cherno Jobatey (deutscher Fernsehmoderator und Journalist)

Diego Maradona (argentinischer Fußballer)

Dominic O`Brien (Autor, Unternehmenstrainer, Gedächtniskünstler)

Dustin Hoffman (amerikanischer Filmschauspieler)

Ernst Hemingway (1899-1961, amerikanischer Schriftsteller)

Ferdinand **Karl** *Piëch (Jahrgang 1937, Porsche-Enkel und Vorsitzender der VW AG)*

Francois Mitterrand (1916-1996, französischer Staatspräsident)

Frank Ansbeck (Gründer der SolarWorld AG und bekennender Legastheniker)

Franklin D. Roosevelt (1882-1945, amerikanischer Präsident)

Fred J. Epstein (amerikanischer Pionier in der Neurochirurgie)

Galileo Galilei (Physiker, Astronom Philosoph)

George S. Potton (US-General im Zweiten Weltkrieg)

George Busch (amerikanischer Präsident)

Hans Christian Andersen (1805-1875, dänischer Schriftsteller)

Helene Taussig (österreichische Malerin, Holocaustopfer)

Hugues Aufray (französischer Sänger)

Ingvar Kamprad (Ikea-Gründer)

Jack Nickolson (amerikanischer Schauspieler)

Jackie Stewart (Formel 1 Fahrer und 27. als Weltmeister)

Jan de Bouvire (Möbel-Designer)

Johannes Gutenberg (1397-1468, Erfinder der Buchdruckkunst)

John Irving (US-amerikanischerer Romanautor)

John Lennon (englischer Musiker, einer der vier Beatles)

John Skoylkes (englischer Neurowissenschaftler und Evolutionspsychologe)

Jules Verne (Autor und Schriftsteller)

Jürgen Fliege (evangelischer Pfarrer Autor, TV-und Radiomoderator)

Karl XVI. Gustaf König von Schweden (und seine Tochter Victoria sowie Madeleine von Schweden)

Keira Knightley (amerikanische Schauspielerin)

Leonardo Da Vinci (1452-1529, italienischer Bildhauer, Maler, Architekt, Ingenieur und Forscher)

Lord Richard Rogers (Architekt Centre Georges Pompidou, Europäischer Gerichtshof für Menschenrechte in Straßburg)

Ludwig van Beethoven (Musiker, Komponist)

Michael Jackson (amerikanischer Pop-Sänger und Entertainer)

Wolfgang Amadeus Mozart (Musiker und Komponist)

Napoleon Bonaparte (1769-1821, französischer Feldherr und Kaiser)

Nigel Kennedy (Violinen virtuose)

Orlando Bloom (Schauspieler)

Pablo Ruzi Picasso (Künstler und Maler)

Prinz Charles (König von England)

Richard Branson (britischer Unternehmer und Ballonfahrer)

Robby William (Sänger)

Salvador Dalí (spanischer Maler, Bildhauer und Schriftsteller)

Sir Steven Redgrave (Olympia-Ruderer)

Steven Hawkins (Astrophysiker in Cambridge, England)

Steve Jobs (Mitbegründer von Apple Macintosh)

Stephen Spielberg (amerikanischer Filmregisseur von Schindlers Liste)

Thomas Edison* (Erfinder der Glühlampe)

Thommy Hilfinger (Modedesigner)

Walt Disney (1901-1966, amerikanischer Trickfilmproduzent, Susi und Strolch, Bambi, Dumbo)

Whoopi Goldberg (amerikanische Schauspielerin)

Winston Churchill (bedeutendster britischer Staatsmann)

*Es gibt verschiedene Aussagen, das diese Personen auch Probleme mit dem Rechnen hatten. Daher liegt es wahrscheinlich sehr nahe, dass es sich dabei um Kombinationen einer Dyskalkulie/Legasthenie handelten, könnte.

Überarbeitete Liste von 01.08.2012

Die aktuellen biologischen Hintergründe der Legasthenie, was Lehrer und Eltern wissen müssen

Am 2. Juni 2012 sprach Prof. Dr. Galaburda, von der Harvard Medical School[6], Boston, Massachusetts, USA. Er sprach zur Fachtagung des EÖDL und DVLD an der Universität Salzburg vor 300 Fachleuten aus 15 Nationen. Galaburda gilt sei den 90er Jahren zu den führenden internationalen Hirnforschern auf dem Gebiet der Dyslexia Research (Legasthenieforschung).

Er meinte als Erstes das die Legasthenie das beste Beispiel einer wechselseitigen Beziehung zwischen Kultur und Biologie sei. Sie ist ein Modell kognitiver Entwicklungsstörungen. Um eine Legasthenie in einem Kind hervorzubringen, braucht es mehrere Auslöser. Es Bedarf der Kombination von kulturellen Vorprägungen, genetischen Hintergründen und einer aus dem Rahmen fallenden Hirnenentwicklung. Erst dann kann von einer Legasthenie (Dyslexia) sprechen.

Alle drei Bereiche spielen zusammen. Kein einzelner ist der Auslöser für diese spezielle

[6] http://dyslexialab.net/cvs/galaburdacv.html

Lese- und Rechtschreib-Schwäche. Galaburda bestätigt damit auch das die Legasthenie eine familiär bedingte Lese- und Recht-Schreibschwäche ist. Sie muss von verschiedenen nicht veranlagten Schwächen, man spricht auch von erworbenen Lese- und Rechtschreib-Schwächen (LRS), die unterschieden werden müssen. Denn diese können mit anderen Erkrankungen: des Gehörs, der Augen, Intelligenzmangel, wie auch unzureichender Lese- und Schreibförderung. Wie auch sozial schwache Verhältnisse können die Lernschwächen fördern die von einer Legasthenie (Dyslexia) abgrenzt werden müssen[7].

In den 80er Jahren entdeckte Galaburda[8] schon damals die unterschiedliche Organisation der beiden Gehirnhälften. Er untersuchte damals die Gehirne von verstorbenen Nicht-Legasthenikern im Vergleich zu Legasthenikern. Und entdeckte eine ungewöhnliche Organisation der Hirnfunktionen. Die auf eine andere vorgeburtliche Hirnentwicklung in der Schwangerschaft zurückgehe: Bestimmte Areale der rechten Hirnhälfte hatten sich bei Betroffenen während der Bildung der Großhirnrinde überdurchschnittlich stark entwickelt. Die stärker ausgeprägte Hälfte würde mit der linken konkurrieren. Um später die zuständigen Areale in der linken Hirnhälfte, die für das Lesen und Schreiben zuständig sind zu kontrollieren. Diese damalige Beobachtung haben sich durch Galaburdas Forschung bis heute bestätig. Schon in den 90er Jahren entdeckte er biologisch genetische Zusammenhänge, die sich bis heute immer mehr bestätigen ließen.

Verschiedene Forscher auf der Welt haben verschiedene Gene ausfindig gemacht, die für diese Hirnentwicklung zuständig sein sollen.

Seit 2003 hat man Finnland einige Legasthenie-Gene in verschiedenen Laboren aufindig und bestätigen können. Die geläufigsten Gene, die man durch unterschiedliche Studien belegt hat, sind folgende Gene: DYX1C, DCDC2 und KIAA0319. Diese Gene hat man in verschiedenen Labors der Welt entdeckt. Sie verursachen eine andere Schallverarbeitung im Gehör. Im vertikalen*kortiko-thalamischen System verursachen sie eine ungleichmäßige Konzentration und eine andere neuronale Migration. Die sich der*

[7] http://en.wikipedia.org/wiki/Dyslexia

[8] Prof. Stanislas Dehaene, Lesen, Neuronale Migration S. 281-287

linken Schläfenregion des Hinterhauptes die für die gleichmäßige Verarbeitung der Teilleistungen (Sinnesfunktionen) zuständig ist..Diese verursacht bei Legasthenikern ungleiche Teilleistungen (Sehen, Hören, Konzentration etc.). Die für die Schwierigkeiten beim Lesen und Schreiben sorgen, obwohl die Sinnesorgane gesund sind und die Intelligenz normal ist. Aus diesen Zusammenhängen ist das Gehirn eines Legastheniker von Natur aus anders beschaffen. Es verfügt über eine asymmetrische Hirnstruktur im Gegensatz zu Nicht-Legasthenikern. Die sehr wahrscheinlich auch die speziellen Fähigkeiten und Begabungen bei Legasthenikern zuständig ist, die es primär zu Fördern gilt. Da, eine andere Organisation dieser Gehirne andere Denkwege ermöglicht. Dadurch zeigt sich oft die gute Auffassungsgabe, Kreativität, Querdenken und viele Fähigkeiten mehr.

Mit Laborversuchen an Mäusen mit dem Genen DCDC2 und KIAA0319 *konnte Galaburda diese genetischen Veränderungen nachweisen. Mit Experimenten wurde die Hypothese der 80er Jahre nun eindeutig belegt werden. Er zeigte sehr eindeutig, dass diese Versuche mit bildgebenden Scanverfahren an Legastheniker-Gehirnen im Vergleich zu Nicht-Betroffenen* belegt werden konnten. Diese sind für diese andere Hirnentwicklung zuständig.

Galaburda fragte man, ob die Legasthenie eine Krankheit sei? Er sagte: "**It is a disease only in the extent that it handicaps you severely in the society you are living in.**[9]" Übersetzt das heißt dies „Es ist eine Krankheit nur in dem Maße, wie schwer man diese Menschen beeinträchtigt, in unserem gesellschaftlichen Umfeld in dem Legastheniker leben." Also sie ist keine Krankheit, sondern hängt an einem toleranten Umfeld unserer Gesellschaft!

Wenn unsere Gesellschaft mit diesen Menschen respektvoll umgeht, und Ihnen ein optimales Lebens- und Lernumfeld ermöglicht.

Entwickeln diese Menschen auch deutlich diese seltener krankhafte Begleitsymptome. Daher muss auch das Ziel sein, legasthene Kinder so führ wie möglich zu erkennen, um

[9] http://www.fachtagung.com/18nach/FT12-Galaburda.pdf (Seite 12, unten)

sie umfassend pädagogisch zu fördern. Dieser Vortrag bestätigt auch den pädagogischen Ansatz von Dr. Kopp-Duller der Präsidentin des EÖDL, sie entwickelte die AFS-Methode. Dies ist international die fortschrittlichste Methode im pädagogischen Bereich, um Kinder und Jugendliche umfassend zu fördern.

Man sollte die Legasthenie als eine Normvariante menschlicher Begabungen auffassen und diese Normvariante im Schulsystem berücksichtigen und respektieren[10]. Nun liegt es an uns als Teil dieser Gesellschaft. Ob wir Legastheniker weiterhin als kranke, behinderte oder gestörte brandmarken. Oder sie als gesellschaftliche Normvariante akzeptieren. Eltern und wir Legastheniker müssen die Gesellschaft darüber aufklären, um das Thema endgültig zu enttabuisieren. Dass die kommenden Generationen deutlich bessere Chancen im Bildungswesen erhalten.

Kommentar: Tabuthema Legasthenie in der FAZ

Mit großen Interesse habe ich gestern den Artikel der FAZ Sonntagsausgabe 29. / 30. Januar gelesen. Dieser Artikel hatte den Schwerpunkt Legasthenie und Studium. Laut Studentenwerk Oldenburg soll es in Deutschland rund 2% Studenten geben, die mit einer Legasthenie an deutschen Hochschulen und Universitäten studieren. Die Zahlen sind sicherlich zweifelhaft. Journalistin Sabine Hildebrand-Woeckel zeigt nur einen marginalen Abriss unseres Konfliktes in Deutschland. Nicht wenige von uns wollen sich mit ihren guten Fähigkeiten für eine akademische Laufbahn entscheiden. In der langjährigen Praxis erlebe ich, dass viele Betroffene keine korrekte Diagnose haben. Weil man eben vielerorts nicht in der Lage ist, Leseschwierigkeiten von der genetisch bedingten ‚Legasthenie‘ und erworbenen ‚LRS‘ abzugrenzen. Daher haben viele von uns es sehr schwer, überhaupt die Schullaufbahn bis zum Studium zu durchlaufen. Genau an dieser Stelle ist der Knackpunkt! Nicht wenige Legastheniker schaffen heute Qualifikationen unter dem ihren möglichen Fähigkeiten, über die sie in der Regel

[10] http://www.legasthenie.com/?p=829

verfügen. So ist die Lage unseres heutigen Bildungssystems die schon seit Jahrzehnten dauert.

Der FAZ-Artikel definiert die: „Legasthenie als eine ausgeprägte und schwerwiegende Störung beim Erlernen des Lesens und der Rechtschreibung, die in Besonderheiten von Hirnfunktionen begründet ist." So lautet die offizielle Definition der `WHO', die von den Gesundheitsberufen unter der Klassifikation ICD-10 eingeordnet wurde. Man muss auch an dieser Stelle erwähnen, dass die WHO immer wieder die Interessen der Pharmaindustrie unterstützt. Daher ist es wissenschaftlich nicht glaubwürdig, denn andere Fachbereiche der Legasthenieforschung beschäftigen sich mit diesem hochkomplexen Thema viel umfassender. Legasthenie ist nicht als Störung zu verstehen, sondern als eine ganz normale Veranlagung und Lernfähigkeit des Menschen. Journalistisch gesehen ist diese Definition nicht objektiv recherchiert. Die Praxis zeigt uns, dass es keine wirkliche richtige differenzierte Definition der verschiedenen Lese-Recht-Schreibschwierigkeiten gibt. Aus diesem Grunde werden viele Betroffene nicht differenziert gefördert. In diesem Fall wird auch der Zugang für ein Abitur und Studium längerfristig erschwert Es sind auch meine persönlichen Erfahrungen und vieler anderer in unserem Land. Mit sehr großen Hürden schaffen es nur sehr Wenige bis zum Abitur und Studium. Ein Großteil scheitert schon in den Grundschuljahren – so ist die Realität vieler Legastheniker im Jahr 2011 in Deutschland.

Der Bundesverband Legasthenie und Dyskalkulie e. V. stützt leider die Diskrepanzdedinition ICD-10 und die Nachteilsausgleiche der einzelnen Bundesländer sind drauf aufgebaut. In Deutschland gilt die Legasthenie nicht als Behinderung, auch wenn verschiedene Lobby-Gruppen es so gern hätten. Eine praktische Umsetzung von Nachteilsausgleichen für Studenten werden kaum an den Universitäten umgesetzt. Ohne klare Differenzierung der Schwierigkeiten nutzen auch diese Erlasse im Studium nichts. Die Nachteilsausgleiche sind für das Studium in der Praxis realitätsfern. Legastheniker benötigen nicht nur einen Ausgleich wie: Zeitzugabe im Studium bei schriftlichen und mündlichen Prüfungen, sondern umfassende und persönliche Hilfe beim Studieren allgemein.

Würde man schon in den Grundschuljahren eine Legasthenie differenziert erkennen, könnten wären viele ihrer Schwierigkeiten in der Schulzeit ausgeglichen werden, um später einen akademischen Weg einzuschlagen. In unserem Land hapert es schon an der umfassenden frühen Förderung, die längerfristig den Berufsweg erschweren. Natürlich zum Nachteil unserer wirtschaftlichen Entwicklung. Seit einigen Jahren hat die pädagogische Legasthenieforschung sehr gute Ansätze für das pädagogische Lerntraining entwickelt, um die Legasthenie gut überwinden zu können. Im öffentlichen Bildungssystem und den Verbänden werden diese nur nicht wahrgenommen.

Professor Torsten Kies von der Hochschule Lausitz will seine Hochschule legastheniefreundlicher gestalten. Er hat die besonderen Fähigkeiten legasthener Studenten erkannt, und möchte den Betroffenen das Studium erleichtern. Bisher gibt es in Deutschland kaum eine Hochschule die in der Lage ist legasthene Studenten beim Studieren zu unterstützen. Nicht wenige Hochschullehrer sind über das Thema richtig aufgeklärt. Also ist die Lage der Hochschulen nicht anders als an den Schulen. Von vielen Betroffenen hört man vielerorts alarmierende Berichte. Deshalb outen sich viele Legastheniker nicht in der Öffentlichkeit. Wer will den schon zu einer Störung stehen die keine ist? Also liegt es auch mit an unseren Verbänden die, die veraltete Störbilder unterstützen. So kann man auch über das Tabuthema Legasthenie keinen gesellschaftlichen Dialog führen, um das Stigma gänzlich zu enttabuisieren.

Wenn Sie den FAZ-Artikel in voller Länge lesen möchten, können Sie sich hier informieren. [11]

[11] http://www.faz.net/s/RubE3C3C6176BD4497B8E43BEC78289CFD1/Tpl~Ezeitung~Soverview.html

60 Prozent der Deutschlehrer haben keine Kenntnisse über Legasthenie und LRS

Nach einer Befragung des Online-Portals LegaKids.net gaben rund 60 Prozent[12] der Deutschlehrer an, während ihres Studiums keine Fachkenntnisse zu speziellen Schwierigkeiten des Erwerbs der Schriftsprache wie LRS oder Legasthenie erworben zu haben.

Die Dunkelziffer unaufgeklärter Lehrer ist viel höher

Annette Höinghaus des Selbsthilfeverbandes Bundesverband Legasthenie und Dyskalkulie e.V., bestätigte im Focus-Schule Interview[13], dass die Dunkelziffer der unaufgeklärten Lehrer viel höher als 60 Prozent sei. Nach unseren langjährigen Erfahrungen müsste die Zahl bei mindestens 80 oder gar 90 Prozent liegen. Weiterbildung der Lehrer wird zu wenig an den Schulen angeboten, zumal hier in Deutschland kaum vernünftige Qualifizierung gibt. Die Sichtweisen über Legasthenie und LRS des Selbsthilfeverbandes sind überwiegend nur von der medizinischen Sichtweise dominiert, daher werden Pädagogen kein umfassendes Verständnis erhalten, die den Schülern Integration bringen.

Der Selbsthilfeverband hat es verpasst LRS und Legasthenie zu enttabuisieren

Durch unsere praktische Arbeit erleben wir es sehr oft, dass Lehrer kein Wissen über das Thema an Dresdens Schulen über Legasthenie und LRS haben. Auch wenn der Selbsthilfeverband immer wieder die Schulen auf die Verantwortung bewusst macht, hat sich in den letzten Jahrzehnten in punkto Legasthenie und LRS hinsichtlich Aufklärung und Qualifikation nichts getan. Dies ist sicherlich auch dem Selbsthilfeverband geschuldet, der es verpasst hat, das Thema Legasthenie und LRS im ‚Sinne legasthener Menschen' zu enttabuisieren. Wir sind der Meinung, dass es falsch ist, immer die Schuld

[12] http://www.legakids.net/eltern-lehrer/erlassepolitikumfragen/lehrerumfrage-2010/

[13] http://www.focus.de/schule/lernen/lernstoerungen/legasthenie-schulen-sollten-sich-ihrer-verantwortung-bewusst-werden_aid_566336.html

den Lehrern zuzuweisen. Einseitige Aufklärung nur aus einem Fokus bringt den Betroffenen weder umfassende Diagnostizierung der wirklichen Schwierigkeiten noch präventive Lernförderung – daran muss sich etwas grundlegend ändern.

Pauschale Gruppenförderung ist uneffektiv

An diesem Punkt sind sich Experten aller Fachgebiete einig, dass pauschale Lernförderung in Lerngruppen gerade bei Legasthenikern kontraproduktiv ist. Legastheniker benötigen in den ersten Schuljahren besondere Einzelförderung, um das Lesen und Schreiben zu erlernen. Gruppenförderung oder LRS-Klassen, Nachhilfe oder klassische Lerntherapie bringen keine Hilfestellungen für die Betroffenen, auch wenn diese das Prädikat ‚LRS-Förderung' haben. Diese Angebote sind zumeist viel zu einseitig. Legastheniker benötigen ein individuelles Umfeld zum Lernen, viel Geduld, Ermutigung und Wertschätzung. Jeder Betroffene Schüler hat seine besonderen Eigenheiten um Lesen und Schreiben zu lernen. Eine persönliche und umfassende Einzelförderung wird schrittweise Lernerfolge bringen. Dies kann von den Schulen nicht geleistet werden, denn den meisten Lehrern fehlen die basalen Grundlagen wie man Legastheniker differenziert fördert. Sind diese Kinder zusätzlich hochbegabt, werden die Herausforderungen größer, weil diese Kinder eine Begabtenförderung mit integrierter Legasthenieförderung benötigen.

Nachteilsausgleiche sind praxisfern und zu pauschal

Seit 2003 gibt es Nachteilsaugleiche in allen 16 Bundesländern, die von den Lehrern in die Praxis umgesetzt werden müssten. Aus unterschiedlichen Gründen werden diese nicht umgesetzt, da Schulleiter und Klassenlehrer keine Informationen über diese Verwaltungsvorschriften der Kultusministerien haben. In der Realität zeigt sich auch, dass diese Erlasse sehr praxisfremd sind, die regionalen Schulämter verfügen kaum über qualifizierte Experten in diesem Bereich. Viele Legastheniker erhalten dadurch keine differenzierte Diagnose und keinen Nachteilsausgleich. Für viele Familien mit betroffenen Schülern gibt es daher keine Klarheit, welche Schwierigkeiten mit dem Lesen und Schreiben tatsächlich vorhanden sind. So beginnt, für viele Kinder der

Teufelskreis der „Lernstörungen", Eltern sind völlig damit überfordert und fühlen sich mit ihren Nöten alleingelassen. Viele Familien durchlaufen dann mit ihren Kindern einen Therapie-Marathon, der sich negativ auf die Entwicklung der schulischen Fähigkeiten auswirken wird. Nicht wenige Betroffene entwickeln schwerwiegende emotionale und seelische Probleme, die nicht mit einer direkten Legasthenie begründet sind. Sie sind die ausschließliche Folge ungenauer Diagnostik und fehlender Förderung. Erworbene Schwierigkeiten wie LRS können durch äußere Faktoren erworben sein. Bis heute streitet sich die Wissenschaft um eine genauere Abgrenzung der verschiedenen Schwierigkeiten, obwohl es auch wissenschaftliche Belege gibt, dass nicht jedes Problem mit dem Lesen und Schreiben mit einer genetischen Veranlagung zu tun hat. Logischerweise gibt es sehr unterschiedliche Schwierigkeiten mit dem Lesen und Schreiben, die man nicht verallgemeinern darf. Bis heute werden aber alle Schwierigkeiten in einen Topf geworfen. Daher ist die staatlichen Anerkennungen einer Legasthenie oder LRS immer zu hinterfragen.

Legasthenie ist in den Familien immer noch ein Tabu

Familie mit legasthenen Kindern haben es in der heutigen Zeit nicht gerade leicht. Sehr oft gibt es über lange Zeit keine korrekte Klarheit, um welche Schwierigkeiten es sich handelt. Bei Kindern mit Legasthenie sind überwiegend Elternteile, Onkels, Tanten, Eltern betroffen. Meistens wissen diese Familienmitglieder selbst nicht Bescheid, weil man nie darüber gesprochen hat.

Die heutige Wissenschaft weiß aber, dass eine genetisch bedingte Legasthenie bis zu 60 % von einem Elternteil weitergegeben wird. Unsere langjährige Praxis sowie persönliche Erfahrung bestätigen diese wissenschaftlichen Thesen. Bis heute spricht man in den Familien nicht über diese Schwierigkeiten, da sie ein Makel ist. Dies liegt natürlich an unserem gesellschaftlichen Tabu. Wer nicht fehlerlos lesen und schreiben kann, ist entweder dumm oder faul. So ist es schon seit sehr vielen Jahren in unserer Gesellschaft verankert. Zumindest ist es so in unserem Kulturkreis. In anderen Ländern der Welt werden diese Fertigkeiten nicht wie hier, so überbewertet.

Schon seit sechs Jahrzehnten weiß man, dass Legasthenie sich unabhängig von der Intelligenz eines Menschen entwickelt. Dies ist viel zu wenig bei den betroffenen Familien sowie, in unserer Gesellschaft bekannt. Weil es bei uns mit einem Makel, verbunden ist, sprechen natürlich auch Familien nicht darüber. Obwohl meistens über Generationen diese Probleme bekannt sind. Wir hören immer wieder von Familien, ähnliche Aussagen wie: "Wir haben nie in unserer Familie über dieses ,Thema'gesprochen. Es war immer ein Tabu, Schwierigkeiten mit dem lesen und schreiben zu haben."

Unausgesprochene Tabus bringen natürlich sehr verschiedene Schwierigkeiten im Zusammenleben, ob im Alltag, Schule oder Beruf. Wir erleben es auch in unseren Institut, wie vorsichtig betroffene über dieses ‚Tabuthema' sprechen. Da müssen wir immer wieder Mut machen, um darüber zu sprechen. Wir vermitteln auch unseren Klienten sich in den Familien, zu outen. Um es wenigstens in der Familie zu enttabuisieren.

Man sollte immer in der Familie mit diesen Schwierigkeiten so offen wie möglich umgehen lernen. Dann wird auch das leben mit diesen Schwierigkeiten viel leichter.

Legastheniker haben viele Talente!

Es sind nicht nur die Bekannten Persönlichkeiten wie: Albert Einstein (Erfinder, Wissenschaftler), Steve Jobs (Apple), Bill Gates (Erfinder von Windows). Die Liste von begabten Legasthenikern ist sehr lang! Auch hier in Dresden gibt es viele Legastheniker mit Talenten.

Fähigkeiten von Legasthenikern sind sehr vielfältig. Viele zeigen schon in der Kindheit spezielle Merkmale. Hier kann man nicht immer von Hochbegabungen reden.

Überwiegend sind aber gute Anlagen für spezielle Interessen und Neigungen vorhanden, die es zu fördern gilt.

Manche können sehr gut malen oder musizieren. Andere sind sehr sportlich. Überwiegend bringen sie eine außerordentliche Neugier mit, um die Welt zu entdecken. Eine gute Neugier ist auch die Grundlage für viele Potenziale legasthener Kinder. Ebenfalls eine gute bis sehr gute sprachliche Artikulation, guter Wortschatz und das Denken in komplexen Zusammenhängen können frühe Talente legasthener Kinder sein. Erfahrungsgemäß haben sie auch gute zwischenmenschliche Fähigkeiten. Können sich gut in anderen Menschen hineinversetzen oder setzen sich für andere ein.

Uns ist noch kein Legastheniker begegnet, der keine speziellen Fähigkeiten hat. Auch wenn man nicht in jedem Fall von einer Hochbegabung sprechen kann. Nicht wenige sind aber hochbegabt. Leider gibt es in diesen Bereich keine Studien. Es ist davon auszugehen, dass die Zahl der durchschnittlichen Hochbegabungen bei Legasthenikern höher ist, als bei der durchschnittlichen Bevölkerung, wo man von rund 2 Prozent Hochbegabter ausgeht.

Mit unserem umfassenden Legasthenie Coaching fördern wir insbesondere die Talente legasthener Klienten. Es macht immer wieder Freude, diese bei unseren Schützlingen zu entdecken. Wir werden sicherlich darüber berichten, was wir da noch alles aufspüren werden.

Blogbeitrag vom 14.02.2011

Wissenschaft: Thesen und Fakten, dass Leonardo da Vinci und Einstein Legastheniker waren

In der populären wissenschaftlichen Literatur gibt es unterschiedliche Aussagen, ob Albert Einstein und Leonardo da Vinci nun wirklich Legastheniker waren. Es gibt einige Indizien und Thesen, die für eine Legasthenie sprechen.

Es ist jedenfalls autobiografisch belegt, dass Einstein bis zum Alter von drei Jahren wenig gesprochen hat. Sobald er die richtigen Wörter abrufen musste, wie etwa in einer Fremdsprache, waren seine Leistungen eher mittelmäßig. Er sagte einmal: „Meine größte Schwäche war vor allem ein schlechtes Gedächtnis für Texte und Wörter.“ Er ging so weit zu behaupten, dass seine wissenschaftlich theoretischen Betrachtungen weniger etwas mit „Wörtern“ zu tun hatten. Seine Denkansätze entwickelte er eher vor seinen geistigen Augen, indem er sie sich vorstellte, so seine eigenen Aussagen.

Der bekannte amerikanische Neurologe und Neurowissenschaftler Normen Geschwind war sich aufgrund dieser Fakten, sicher, dass Einstein ein Legastheniker war. Geschwind war der wichtigste Hirnforscher in den 80er-Jahren des letzten Jahrhunderts. Er identifizierte die Organisation der beiden Hemisphären der Hirne (linke und rechte). Dieser erkannte auch die Ursprünge der unterschiedlichen Funktionsweisen (Teilleistungen), die bis heute eine wichtige Rolle in der Legasthenieforschung spielen. Auch der bekannte Neuropsychologe P.G. Aaron legte anschaulich dar, wie die Zusammenhänge mit einem „rechtshemisphärischen Kompensationsmechanismus.“ Bei Leonardo da Vincis außergewöhnlichen Fähigkeiten auf vielen Gebieten als Erfinder, Maler, Bildhauer, Musiker, Ingenieur, Wissenschaftler förderte. Diese Mechanismen hingen demnach auch an den ungleichmäßigen Schriftbildern, die man in da Vincis Aufzeichnungen gefunden hatte. Er schrieb bemerkenswert in Spiegelschrift, von rechts nach links, dass mit vielen Rechtschreibfehlern. Verschiedene autobiografische Dokumente beschreiben auch seine Schwierigkeiten im Umgang mit der Sprache. In der Nähe von Personen konnte da Vinci nicht Lesen.

Es liegt dem nahe, dass beide Genies Legastheniker waren. In der heutigen Neurowissenschaft und Intelligenzforschung gibt es auch Belege für die Thesen von Aaron und Geschwind. Außerdem gab es nach Einsteins Tod von kanadischen Neurowissenschaftlern eine Autopsie seines Gehirns. Man entdeckte hinweise einer ungleichmäßigen Verknüpfung der beiden Gehirnhälften der Scheitellappen des Großhirns. Die u. a. auch für die sprachliche Verarbeitung in der linken Hirnhälfte zuständig sind.

Bis heute haben Forscher in diesen Bereichen der linken Gehirnhälfte in Studien, eine andere Aktivität und Zusammenarbeit der beiden Hirnhälften bei Legasthenikern nachgewiesen. Aus dieser Bestätigung sind auch die ungleichmäßigen Sinneswahrnehmungen beim Lernen des Schreib,- und Lese-Erwerbs zu begründen. Auch eine höhere Aktivität der rechten Gehirnhälfte bei Legasthenikern wurde in verschiedenen Studien dargestellt.

Auch aus unserer Nachforschung und persönlichen Erkenntnis decken sich diese Überzeugungen auch im engen Zusammenhang der besonderen Begabungen von Legasthenikern. Eine aktivere rechte Gehirnhälfte gleicht die weniger aktiven Bereiche der linken Hälfte wieder aus. Diese andere Aktivierung löst sehr verschiedene Fähigkeiten und Schwierigkeiten aus. Unser menschliches Gehirn ist sehr beweglich und kann die „Defizite“ in neu trainieren, damit auch ausgleichen. Alle Sinne müssen beim Lernen beachtet und angeregt werden. Sie müssen reibungslos zusammenarbeiten, um besser Lesen und Schreiben zu können. Diese Erkenntnis stützt auch unseren umfassenden Ansatz der alle Sinne fördert.

Folgerichtig liegt es sehr nahe dass Albert Einstein oder Leonardo da Vinci, wie viele andere Talente Legastheniker waren und sind.

Quellen: M. Wolf – Das lesende Gehirn S. 234 und Lars-Michael Lehmann 2011

Blogbeitrag vom 21.02.2011

Dyskalkulie und Rechenschwäche

Mathematik ist für unser Leben genauso notwendig wie das Lesen und Schreiben. Es gibt aber sehr unterschiedliche Schwierigkeiten, die mit dem Erlernen der mathematischen Grundrechenarten zu tun haben können. Diese Probleme sind sehr vielfältig und werden sehr verwechselt und falsch diagnostiziert.

Zum einen gibt es die genetisch bedingte Dyskalkulie, also die Schwester der

Legasthenie, die Schwierigkeiten mit dem Erlernen von mathematischen Grundfertigkeiten zu tun hat. Einige Wissenschaftler sind sich darüber einig, dass der Grund in den Erbanlagen zu finden sind. Legasthenie/Dyskalkulie kann auch in Kombination aufreten, oder auch nur in reiner Form. Sehr selten wird diese Erscheinungsform von Fachleuten erkannt, was darauf zurückzuführen sein könnte, dass es in diesem Bereich bisher noch zu wenige praktische Erfahrungen und Forschungsergebnisse gibt, die fachübergreifend dieses Thema behandelt hätten. Das könnte der Grund dafür sein, dass die meisten Dyskalkulie-Gutachten sehr schwammig formuliert sind.

Zusätzlich gibt es, wie die erworbene Lese-Rechtschreib-Schwäche (LRS), auch eine erworbene Rechenschwäche, die keine erbliche Grundlage hat, sondern sehr oft mit seelischen und organischen Erkrankungen zu tun haben könnte. Natürlich spielt auch das soziale Umfeld sowie die didaktische Vermittlung von Lerninhalten in der Schule eine entscheidende Rolle, in welchem Ausmaß diese „Wahrnehmungsbesonderheit" auftritt.. Es ist zu beobachten, dass der Intelligenzquotient bei den meisten Betroffenen überdurchschnittlich hoch ist.

Die Wissenschaft tappt in diesem Thema immer noch im Dunkeln, da sie, wie bei der ‚Legasthenie' auch, kaum differenziert.

In unserem Institut Legasthenie Coaching hier in Dresden erleben wir immer wieder eine bisher unentdeckte Kombinationen aus Legasthenie und Dyskalkulie bei unseren Klienten. Je früher diese Schwierigkeiten diagnostiziert werden, desto früher kann diese auch im Rahmen eines umfassenden, individuell konzipierten, Trainings ausgeglichen werden.

Wir werden weiterhin regelmäßig über die Themen Dyskalkulie und Rechenschwäche auf unserer Webseite und über Blogs informieren.

Blogbeitrag vom 6.04.2011

Dyskalkulie ist eine Erbanlage

Wie wir das Lesen und Schreiben sehr individuell lernen, so lernen wir auch das Rechnen sehr verschieden. Die heutige Wissenschaft geht davon aus, dass rund 6 Prozent der Schüler mit dem Rechnen Schwierigkeiten haben. Ob diese wirklich der Tatsache entspricht, kann man so nicht sagen, da nach unserer Beobachtung alle Lernprobleme, die mit dem Rechnen zu tun haben, in einen ‚Topf' durcheinander geworfen werden. Aus diesem Grund sind sehr viele Aussagen, die rund um dieses Thema publiziert werden, auch für die meisten Hilfesuchenden äußerst undurchsichtig.

In den letzten Jahren hat haben einige Neurowissenschaftler festgestellt, dass die Ursachen einer Dyskalkulie als in den Erbanlagen zu verstehen sind, wie es bei der Legasthenie der Fall ist. Menschen haben, wie für das Lesen und Schreiben, gewisse Hirnareale, die dafür zuständig sind. So gibt es auch Bereiche für die Verarbeitung von Rechen- und Zahlenverarbeitungsaufgaben. Jeder Mensch hat also spezialisierte Verknüpfungen im Gehirn, die für diese Bereiche zuständig sind. Darüber streiten sich allerdings Wissenschaftler verschiedener Fakultäten.

Wir sind uns sicher, dass diese nicht mit einer fehlerhaften Entwicklung im Kindesalter zu tun haben, sondern mit einer besonderen Sinnes-Wahrnehmung und Sinnes-Verarbeitung. Diese etwas andere Auffassungsgabe gehört einfach zu einem gewissen Prozentsatz zu unserer geistigen Entwicklung als Menschen, weil wir nicht mit einem Zahlensinn geboren wurden. Wir alle müssen uns das Verständnis für Zahlen, Mengen und Größen in der Schule erst einmal antrainieren.

Bei einer Dyskalkulie liegt es nicht an der Unfähigkeit, nicht rechnen zu können, sondern an der richtigen Verinnerlichung der Grundrechenarten. Diese machen den Betroffenen enorme Probleme, wenn diese keine frühe umfassende und persönliche Hilfe erhalten. Nur so entwickeln Dyskalkuliker Lernprobleme.

Heute haben dyskalkule Schüler gute Möglichkeiten, diese Anlage durch ein Training für alle Sinne auszugleichen. Kanadische Forscher wie Prof. Daniel Ansari von der Universität Werstern Ontario sprechen sich für eine frühe Förderung in der Vorschule aus. Wolfgang Schneider, Psychologe der Universität Würzburg, meint, auch, dass man schon im Kindergarten Kindern erkennen müsste, die Schwierigkeiten im Unterscheiden von Zahlen und Mengen zeigen. Diese Auffassung teilen wir auch als Institut, da sich Schwierigkeiten mit dem Zählen, mit dem Verständnis des Symbols Zahlen an sich und dem Verständnis von Mengen bereits im Kindergartenalter zeigen können.

Kinder entwickeln schon in den ersten Lebensjahren einen Sinn für kleine Mengen und können diese auch wahrnehmen. Hier spricht man von der vornumerischen Phase, in der sich bereits mögliche Schwierigkeiten bemerkbar machen können. Da sind sich viele Forscher einig.

Problematisch ist nur, wenn man die Kinder nicht differenziert diagnostiziert. Das tut die internationale und hiesige Wissenschaft nämlich bisher nur in unzureichendem Maße. Die Dyskalkulie ist eine Anlage, aber andere Schwierigkeiten mit dem Rechnen können von anderen Auslösern hervorgerufen werden. Ein Mangel an Intelligenz kann auch eine Rolle spielen, sowie psychische und soziale Ursachen. Dyskalkulie als direkte Anlage beeinflusst nicht die Intelligenz des Kindes. Da man hier auch nicht differenziert, bekommen sie auch keine richtige Förderung – auch wenn sie das Prädikat Dyskalkulietheraphie trägt. Eine zielführende Hilfe kann ausschließlich bei einer strikten Differenzierung ermöglicht werden. Unsere langjährige Praxis zeigt, dass sich diese Ansätze bewährt haben.

Blogbeitrag vom 11.04.2011

Einladung beim MDR Radio 1 Sachsen

Heute bekam ich von der Redaktion des Dresdner Landesfunkhaus des MDR 1 Radio Sachsen[14] eine Einladung, am 31. Mai 2011 von 11.00 Uhr bis 12.00 Uhr in ihrer

[14] http://www.mdr.de/mdr1-radio-sachsen/index.html

Ratgebersendung zum Thema: „Wenn Erwachsene nicht ausreichend lesen und schreiben können“ als Fachmann auf verschiedene Fragen zum Thema: funktionaler Analphabetismus, Lese-Recht-Schreibschwäche (LRS) und Legasthenie im Erwachsenenalter einzugehen. Es wird eine sehr spannende Sendung werden, und ich freue mich über die Einladung.

Bringen LRS-Klassen Integration? Nicht wirklich!

In verschiedenen ostdeutschen Bundesländern gibt es LRS-Klassen in unterschiedlichen Formen. Ob, sie wirkliche Integration bringen, ist wissenschaftlich nicht belegt und auch fraglich.

Als Experte und Betroffener kann ich Eltern nur davon abraten Schüler mit Lernschwierigkeiten wie mit einer familiär bedingten Legasthenie oder erworbenen Lese-Rechtschreib-Schwäche (LRS) in eine „Sonder-LRS-Klasse[15]“ zu schicken. Es ist nach unserer Sicht der Dinge kein guter Ansatz Schüler in solche LRS-Klasse integrieren. Dies bringt nicht wirklich den integrativen „Legastheniker-Status oder LRS-Status“, sondern eher einen benachteiligten Status, solche Sonderklassen sollte man vermeiden. Separation in LRS-Klassen bringt in diesem Falle nichts – auch längerfristig keine Integration. Nach den 4. Schuljahr müssen die Schüler sowieso in die Klassen der anderen gehen, man kann sich sicherlich vorstellen, wie schwierig es ist, das eben diese Schüler in die „normale“ Schulklasse integriert zu werden. Also der Stempel als „LRS-Hänselopjekt“ ist keine Seltenheit und wirkt sich negativ auf das Selbstbild des Schülers aus, Verhaltensauffälligkeiten sind daraus dann die unvermeidliche Folge. Diese sollte man aber vermeiden, deswegen ist eine separate Hilfe eines Fachmanns wichtig. LRS-Lehrer sind nicht ausreichen für diese Schüler qualifiziert, auch wenn diese sich die beste Mühe geben. Sie sind keine Experten auf diesem Gebiet!

Außerdem muss man dazu sagen, dass LRS-Lehrer keine wissenschaftliche Qualifikation auf diesem Gebiet der (internationalen) Legasthenieforschung haben.

[15] http://www.dresden.de/dc/03/030/015/c_05.php

Denn dieses Thema muss viel differenzierter betrachtet werden, um überhaupt helfen zu können. Von vielen Betroffenen wird berichtet, dass diese Klassen keine wirkliche Überwindung der Symptomatik brachte. Wir sehen es dann auch in unserer genauen Diagnostik, dass diese Förderung nicht den gewünschten Effekt gebracht hat. Da es schon an der differenzierten Diagnostik scheitert, und die pauschale LRS-Förderung kann so keine erfolgreiche Überwindung bringen. In der Praxis erleben wir es sehr oft, das diese dann im Erwachsenenalter zu uns kommen, ohne eine aussagekräftige Diagnose. Also ist der Sinn und Zweck dieser LRS-Klassen infrage zu stellen. Leider hält man seit Jahrzehnten an diese Klassen fest.

Nicht wenige Betroffene haben heute einen Berufsabschluss unter ihren Möglichkeiten, mit einer umfassenden Förderung hätte man diese Entwicklung sicherlich vermeiden können. Diese Herangehensweise wird sich in den nächsten Jahren durch unseren demografischen Wandel und Fachkräftemangel[16] deutlich bemerkbar machen. Denn diese Erwachsenen werden wir auf dem Arbeitsmarkt benötigen, eben nicht als Hilfsarbeiter, sondern als möglichst hochqualifizierte Fachkräfte.

Daher benötigen Schüler mit sehr individuellen Schwierigkeiten mit den Lesen und Schreiben als auch mit erworbenen Lese-Recht-Schreibschwächen (LRS) oder genetisch bedingter Legasthenie differenzierte und persönliche Förderung, dass in den ersten Grundschuljahren. Hinzukommen weitere sehr komplexe Zusammenhänge wie mögliche Hochbegabungen und Mehrfachbegabungen oder variierte Schwierigkeiten mit dem Rechnen die heute auch nicht unterschieden werden. Denn es gibt auch Probleme mit dem Rechnen wie Dyskalkulie (genetisch bedingt) Rechenschwäche (erworben), die zusätzlich kombiniert auftreten können.

Es gibt also keine wissenschaftlichen Indizien, dass solche gesonderten LRS-Klassen etwas nütze, sind. Diese Beschulungsart bemängelte auch der Selbsthilfeverband BVL e.V. erst neulich beim letzten Bundeskongress. Wo wir eine volle Zustimmung geben können, da dies auch unser längjährige praktische Arbeit und persönliche Erfahrung bestätigt.

[16] http://de.wikipedia.org/wiki/Fachkr%C3%A4ftemangel

Probleme mit dem Rechnen? – Es kann Rechenschwäche oder Dyskalkulie sein

Veranlagte Dyskalkulie kann sich in der Vorschule zeigen.

Wissenschaftler sind sich heute einig, dass diese Schwierigkeiten mit dem Rechnen bei Kindern sich schon im Kindergartenalter bemerkbar machen können. Da wir in Deutschland große Defizite in der Frühförderung und im allgemeinen Bildungssystem haben, werden diese Probleme kaum früh genug diagnostiziert und werden dann auch nicht in den ersten Grundschuljahren entdeckt.

Raumorientierung sind wichtige Indizien für eine Dyskalkulie.

Dyskalkulie Kinder haben schon in frühen Jahren kein Gefühl für Zahlen, Mengen, Zeit- und Größenabstände – oder haben größere Probleme mit der räumlichen Orientierung, die sich mit der Unterscheidung der Himmelsrichtungen, aber auch an der Unterscheidung bspw.: eigene Körperteile wie: Rechte Hand, linker Fuß usw. äußern können.

Dyskalkulie steht meist im Zusammenhang mit Legasthenie.

Eine Dyskalkulie tritt sehr selten ohne eine Legasthenie auf. Sie zeigt sich sehr oft als kombinierte veranlagte Variante. Leider werden diese Zusammenhänge in der Diagnostik nicht verstanden. Immer wieder lesen wir in Diagnosen: LRS und Dyskalkulie oder Legasthenie und Rechenschwäche. Diese gibt es aber, nach unseren Erkenntnissen, in der erworbenen Variante nicht. Eine Dyskalkulie tritt nur in einer kombinierten Form Legasthenie/Dyskalkulie oder LRS/Rechenschwäche, so unsere Beobachtung, als erworbene Kombination auf. Leider gibt es in der wissenschaftlichen Auseinandersetzung kaum Differenzierung, was zur Folge hat, dass auch keine klaren Diagnosen für eine umfassende Förderung zur Verfügung stehen. Nur wenn man eine klare Abgrenzung in der Diagnostik durchführt, kann man den Betroffenen auch wirklich helfen. Denn die Förderansätze gehen in verschiedene Richtungen. Erworbene Probleme kann ein Kind mit Nachhilfe gut in den Griff bekommen, veranlagte benötigen jedoch ein spezifisches Training der entsprechenden, unzureichend ausgebildeten Teilleistungen. Diese Trainingeinheiten sollten ausschließlich von dafür speziell ausgebildeten Fachkräften durchgeführt werden. Auch wenn alle möglichen Lerntherapeuten vielversprechende Therapien anbieten, ist äußerste Vorsicht geboten!

Dyskalkulie/Legasthenie als Kombination haben nichts mit geringer Intelligenz zu tun.

Weil wir schon seit vielen Jahren international die aufgeführten Probleme in der Diagnostik haben, ist zu beobachten, dass Dyskalkulie und Legasthenie viel zu oft als so genannte „Lernbehinderung" mittels Intelligenzdiagnostik bescheinigt wird. Ich selbst habe diese Problematik im Bildungssystem persönlich erlebt! Bis heute hat sich daran sehr wenig geändert. Wirkliche Lernbehinderungen zeigen sich nur in der so genannten erworbenen Variante LRS/Rechenschwäche, da diese auch mit Entwicklungsstörungen als Folge in Erscheinung tritt. Außerdem zeigen sich Veranlagungen überwiegend über mehrere Generationen in der Familie, erworbene hingegen nicht. In sozialschwachen Milieus können sich aber auch erworbene Schwierigkeiten häufen, da sie vom Umfeld weitergereicht werden können.

Die komplexe Variante Dyskalkulie/Legasthenie ist bei hochbegabten Kindern zu beobachten.

Zusätzlich gibt es immer wieder Erscheinungen bei Hochbegabten, da diese Schüler eine andere Verarbeitung der Teilleistungen haben, und so von der "Norm" abweichen.

Wissenschaftliche Indizien dafür gibt es mittlerweile, worüber wir in den kommenden Monaten berichten werden.

Kommentar zum MDR-Bericht über LRS-Symposium in Erfurt: Wie kann Kindern mit Lese-Rechtschreib-Schwäche geholfen werden?

Wir beobachten seit einigen Jahren aktiv die mediale Berichterstattung zum Thema Legasthenie. Den gestrigen Bericht des MDR-Fernsehens haben wir natürlich mit großem Interesse verfolgt. Medien berichten nach unseren Beobachtungen nicht differenziert und aufklärend genug über das Thema Legasthenie und LRS. Es finden sich kaum Erklärungen bzgl. der Vielfalt von Schwierigkeitn, die beim Lesen und Schreiben auftreten.

Dass Schüler an unseren, meist öffentlichen, Schulen viel Hohn und Spott erleben und ertragen müssen, ist seit mindestens vier Jahrzehnten bekannt. Dass man die Legasthenie-Störung mit Sprachgebärden therapieren will, ist nach unserer Auffassung weniger erfolgreich. Legastheniker – und auch jedes andere Kind – lernt nachweislich mit allen Sinnen. Es ist notwendig, zuerst eine differenzierte Diagnose durchzuführen, um herauszufinden, ob es sich um eine erworbene LRS oder um eine so genannte genetisch bedingte Legasthenie handelt. Erst dann ist es überhaupt möglich, einen Schüler individuell, persönlich und umfassend mit einem besonderen Konzept aus der interdisziplinären Legasthenieforschung zu fördern bzw. zu begleiten.

Dass Schulen heute Legasthenikern zu große Freiräume lassen, können wir so nicht teilen. Es zeichnet sich nach unseren Erfahrungen ab, dass auch mit einem gut gemeinten, „systematischen“ Deutschunterricht, der gerne als Deutschförderunterricht in der Statistik geführt wird, kaum einem Legastheniker nachhaltig geholfen werden kann. Die Didaktik, die Methodik, wird erneuert, um den Leselernprozess, das Lesen selbst und das Schreiben in den Griff zu bekommen, doch der Schüler selbst steht außerhalb des Zentrums des Geschehens. Es gilt, den Schüler in das Zentrum wieder zu stellen – und es zuzulassen, dass eine differenzierte Diagnostik an erster Stelle steht, bevor Lehrer und/oder auch Legastheniespezialisten mit dem Kind arbeiten.

Klarheit, Diffenzierung und das Bewusstsein, dass das Kind im Zentrum der Pädagoik steht, ist der erste Schritt in Richtung nachhaltiger Behandlung jeglicher Erscheinungsformen von LRS, Lagasthenie und auch der sich mittlerweile stark verbreitenden Dyskalkulie.

Der allgemeine Ansatz, das zeigte auch der kurze Ausschnitt des LRS-Symposiums, orientiert sich lediglich an der veralteten Diskrepanzdefinition der WHO ICD-10, was nur eine sehr pauschale Zusammenfassung sämtlicher Schwierigkeiten darstellt, die mit dem Lesen und Schreiben einhergehen können. Und genau darin liegt das eigentliche Dilemma in der heutigen Legasthenieforschung, das auf der Forschungsarbeit von Dr. Prof. Günther Esser[17] basiert. Seine Argumente sind, unserer Meinung nach, rein subjektiver Natur. Es reichen keinenesfalls vier Sonderstunden als Gruppenunterricht in der Schule, um das Problem in den Griff zu bekommen, das zeigen uns auch die Ergebnisse der LRS-Klassen, in denen keine differenzierte Förderung stattfindet. Nach unseren Beobachtungen und praktischen Erfahrungen währdend der letzten Monate haben viele unserer Schüler weder eine umfassende Förderung noch eine Diagnose erfahren.

Wir bezweifeln, dass solche LRS-Symposien unsere Probleme in dieser Gesellschaft den Betroffenen, sei, ohne oder mit erworbener Lese-Recht-Schreib-Schwäche (LRS) oder genetisch bedingter Legasthenie, auf diese Art und Weise Hilfe erfahren werden.

Die Diskussionen sind schon seit vielen Jahrzehnten, die gleichen, und es wird verpasst, zielorientiert den Betroffenen eine Schullaufbahn zu ermöglichen, die ihren Fähigkeiten und Potenzialen entspricht. Diese Herangehensweise wird sich bald aufgrund des demografischen Wandels und Fachkräftemangels in erschreckender Weise bemerkbar machen, da man es verpasst hat, sich umfassend und interdisziplinär mit der Thematik auseinanderzusetzen. Der amerikanische Soziologe Andrew Abbott[18] hat untersucht, wie die Wissensgesellschaft den Erwerb von Wissen vernachlässigt – und dadurch die Idiotie einer Disziplin befördert. Genau diese Probleme haben wir auch in der internationalen und deutschen Legasthenieforschung, worauf sich auch unsere Selbsthilfeverbände und unsere Politik sich stützen.

So werden wir jedenfalls nicht zum Ziel kommen!

Ratgeber: Intelligenztests bei Legasthenie und Dyskalkulie?

In der Wissenschaft herrscht bis heute noch sehr viel Unklarheit darüber, was die Menschliche Intelligenz alles zu umfassen vermag. Sind nur rein logische Aspekte wie

[17] http://www.psych.uni-potsdam.de/people/esser/index-d.html

[18] http://www.faz.net/aktuell/feuilleton/forschung-und-lehre/wissensgesellschaft-die-drei-formen-der-ignoranz-1575750.html

schnelle Denk- und Merkfähigkeiten, oder aber auch emotionale, soziale und familiäre Faktoren verantwortlich? Ist man mit Testung von Intelligenz konfrontiert, ist man nicht selten verunsichert, besonders wenn es um Lese-Recht-Schreibschwäche oder Rechenschwächen geht.

Intelligenz ist ein Konstrukt der Wissenschaft, die aus verschiedenen theoretischen Denkmodellen hergeleitet wird. Daher ist sowohl die Vielfalt der Definitionen über menschliche Intelligenz als auch deren Messung und Einschätzung sehr umfangreich. Es gibt mehrere hundert Definitionen von Intelligenz.

Sicherlich kommen die gesellschaftlichen und sozialen Rahmenbedingungen hinzu, wie man einen schlauen oder nichtschlauen Menschen einorten möchte. Man kann es auch „Auslese" nennen. So erleben wir im Bereich Legasthenie und LRS, dass die vielfältigen Ausprägungen selten unterschieden werden. Vermutlich will es unsere Gesellschaft bzw. die Wissenschaft gar nicht anders. Sie hat ein Modell „Lese-Recht-Schreibschwäche", welches auf jeden Betroffenen passen muss. Dass es erbliche Ursachen von Legasthenie gibt, als auch erworbene, wie die LRS, findet in der internationalen Betrachtung kaum Beachtung. Bei der Intelligenz ist es nicht viel anders. Je nach Definitionsmodell gibt es diverse Tests, die bei ein und derselben Person zu unterschiedlichen Ergebnissen führen können.

Eine richtige Einschätzung nach einer Testung bei Schülern ist für Fachleute nicht einfach. Allein das Testergebnis reicht nicht aus, um eine individuelle Förderung bzw. Training einzuläuten. Es bedarf einer ausgeprägten fachlichen Erfahrung, um die Ergebnisse richtig einschätzen zu können. Eines muss jedem Fachmann klar sein, das Testergebnisse lediglich Prognosen sein können, um den jeweiligen Menschen in seinen Fähigkeiten und Schwächen einschätzen zu können.

Wir erleben es regelmäßig, dass Legastheniker oder Dyskalkuliker bei diesen Tests scheitern. Auch der vonseiten der Selbsthilfeverbände empfohlene HAWIK-V-Test entspricht nicht dem, was wir für eine umfassende Hilfe bräuchten, da er auf einer breiten Testung von so genannten schulischen Fähigkeiten ausgelegt ist. Da kommt es sehr oft zu Diskrepanzen zwischen und getesteten Leistungen und der realen Fähigkeiten des Betroffenen. Besonders im Bereich der Legasthenie und Dyskalkulie, wie auch bei hochbegabten Schülern kommt es immer wieder zu ungenauen Ergebnissen[19], weil alle Tests in der Regel lediglich von der „Norm" – sozusagen dem empirisch erhobenen Durchschnitt entsprechen. Für eine genauere Abklärung einer Lernbehinderung oder eines anderen Handycapes ist jedoch der HAWIK-V[20] durchaus aussagekräftig, im Bereich Legasthenie und Dyskalkulie versagen – unserer Beobachtung nach – die Tests in der Regel. Es herrscht immer noch keine Einigkeit in der gegenwärtigen Wissenschaft, wie sich eine erworbene und eine gentisch veranlagte Lese-Recht-Schreibschwäche unterscheidet. Aus diesen oben genannten Gründen erachten wir Intelligenztests in diesem Bereich als wenig dienlich. Es kommt entweder zu Unter- oder Überschätzung des Intelligenzquotienten.

Wir haben eine gute Kernaussage zu Intelligenztests gefunden:

IQ-Tests an sich sind lediglich Methoden. Ihr intelligenter Einsatz, das heißt, ihre fachliche Einbettung in einen diagnostischen Prozess zur Beantwortung einer konkreten diagnostischen Frage entscheidet über den Nutzen. Die Feststellung einer Maßzahl für die Intelligenz als Selbstzweck oder als alleinige Entscheidungsgrundlage ist theoretisch und messtechnisch gesehen in den allermeisten Fällen nicht sinnvoll[21].

Diese Aussage von Seiten der Wissenschaft bezieht sich jedenfalls auf die allgemeine Messung von Intelligenz. Will man einen Legastheniker oder Dyskalkuliker testen, wird man zwangsläufig scheitern, nachdem es derzeit – und da sprechen wir aus langjähriger Erfahrung – noch keinen aussagekräftigen IQ-Test gibt, der für dieses große Spektrum hochkomplexer Schwierigkeiten geeignet ist.

Unserer Auffassung nach sind weder bei der Abklärung von Legasthenie noch von Dyskalkulie Intelligenztests erforderlich, sofern man von einer „normalen"

[19] http://testzentrum.univie.ac.at/forschung/individuelle-beratung/stefana-diss/
[20] http://de.wikipedia.org/wiki/HAWIK

[21] Intelligenztests – Geschichte, Anwendungsmöglichkeiten und Korrelate S. 60, Preckl/Brüll

Grundintelligenz ausgehen kann. Allerdings erachten wir es für wichtig, bei erworbenen Schwächen, wie einer LRS/Rechenschwäche, abzuklären, ob nicht doch in Einzelfällen ein Mangel an Intelligenz eine Rolle spielen könnte. In diesem konkreten Fall ist eine psychologische Testung auf jeden Fall sinnvoll und anzuraten. Aus den genannten Gründen setzen wir uns gezielt für eine genaue Differenzierung von Lernschwierigkeiten ein, um jeden Betroffenen individuell in seinem Lernfortschritt unterstützen zu können.

Jeder Fachmann, ob Pädagoge oder Psychologe, der nicht im eigenen Erleben all diese Schwierigkeiten kennt, wird sich, unserer Ansicht nach, schwerer tun, sich in die Situation von Legasthenikern und Dyskalkulikern einzufühlen.

Unsere langjährige Erfahrung zeigt, dass Testungs-Ergebnissen u.a. von Schulpsychologen mit Behutsamkeit zu betrachten sind, insbesondere dann, wenn es um die Fragestellungen einer umfassende Diagnose geht, um den Betroffenen Schüler richtig, das heißt, entsprechenden seines individuellen „Bildes“ zu fördern. Gleiches gilt, wenn es um das Thema „LRS-Testung“ an Schulen geht.

Sollten Sie Näheres – bspw. über wissenschaftliche Grundlagen – wissen wollen, empfehlen wir das kleine Fachbuch der UTB-Profil-Reihe des Ernst Reinhardt Verlags: Intelligenztests[22]. Hier finden sie sowohl fundierte Erklärungen zum Thema Intelligenz, als auch Testmethoden und geläufige Modelle.

Wir helfen aus Erfahrung, und unsere Schützlinge profitieren davon

Heute gibt es wieder eine persönliche Kurznotiz von uns. Zum Schreiben kommen wir im Moment nicht mehr so häufig, da wir in unsere Arbeit eingebunden sind.

Wir freuen uns über die vielen positiven Rückmeldungen von unseren Schützlingen sowie Erziehungsberechtigten. Einige Klienten betreuen wir jetzt über ein Jahr und freuen uns über die umfassenden Fortschritte in der Schule, die wir miterleben dürfen.

---

[22] http://www.utb-shop.de/catalogsearch/result/index/q/9783825230272/

Unsere Klienten profitieren von unseren langjährigen persönlichen Erfahrungen als Legastheniker und Dyskalkuliker. Hat man es selbst erlebt ein Betroffener zu sein, weiß man, wovon man spricht, daher kann man sich viel besser als nicht-betroffene Fachleute in die Situation anderer Betroffener hineinversetzten. Hat man aber die Probleme selbst überwunden, kann man aus der Erfahrung heraus viel zielgerichteter Helfen.

Darum ist Legasthenie Coaching nicht nur hier in Dresden einzigartig, sondern ist einmalig. Das wird uns von vielen Betroffenen mit denen wir arbeiten auch so bestätig. Worüber wir uns sehr freuen!

Ratgeber: Gibt es eine Fremdsprachen-Legasthenie?

Uns Fragen immer wieder Eltern, ob es eine spezielle Fremdsprachen-Legasthenie geben würde? Immer wieder sehen wir Werbeanzeigen, die mit einer Förderung von Fremdsprachen-Legasthenie werben. Aber gibt es diese Form der Legasthenie überhaupt wirklich? Können Legastheniker andere Sprachen erlernen?

Grundsätzlich muss man sagen: Ein wirklicher Legastheniker wird grundsätzlich sehr unterschiedliche und individuelle Schwierigkeiten mit dem erlernen einer Fremdsprache haben. Daher gibt keine Fremdsprachen-Legasthenie in diesem Bezug auf die Legasthenie. Diese Aussage wird auch von anderen Wissenschaftlern bestätigt. Egal, in welchem Land der Erde ein Legastheniker lebt. Denn, sie haben keine Probleme eine andere Sprache verstehen und sprechen zu lernen, sondern haben in der Regel, wie mit Ihrer Muttersprache Probleme das Lesen und Schreiben fehlerfrei zu beherrschen. Sicherlich gibt es je nach Lautsprache und Orthografie, Besonderheiten, die den Erwerb einer Fremdsprache erleichtern oder erschweren können.

Hier in Ostdeutschland hört man immer wieder von Lehrern, das Legastheniker gut die russische Sprache lernen könnten. Das ist aber eine Mythe, aber kein wissenschaftliches Faktum! Ein Legastheniker muss nicht nur die recht komplexe russische Grammatik lernen, sondern auch das kyrillische Alphabet zusätzlich ganz neu hinzulernen.

Nach unserer Beobachtung ist es sinnvoll eine Sprache aus dem germanischen bzw.

angelsächsischen Sprachraum zu lernen. Diese Sprachen sind der unserer Muttersprache ähnlicher, uns lassen sich besser erlernen, man muss auch neues Alphabet lernen, was eine deutliche Erleichterung ist. Da diese Sprachen unsere lateinischen Buchstaben haben, wird es deutlich leichter sein, da wir diese uns schon eingeprägt haben, wir müssen lediglich nur die Lautsprache und Grammatik lernen.

Latein wiederum ist für einen Legastheniker nicht leicht zu lernen, da man in dieser Sprache nicht im Alltag spricht. Ein Legastheniker braucht für dass Sprachen lernen einen praktischen Bezug, er muss mit dieser Sprache denken lernen, dann lernt er das Lesen und Schreiben auch in der anderen Sprache. Und er wird sie auch gut lernen können. Für einen Legastheniker ist es kein Hindernis eine andere Fremdsprache zu lernen, das Gegenteil ist der Fall.

Die meisten Legastheniker können sich sehr gut ausdrücken, warum sollten sie es nicht in einer anderen Sprache können? Das erfordert nur ein besonderes Training in dieser anderen Sprache. Bei jedem Legastheniker sind diese Fähigkeiten sehr unterschiedlich. Der eine lernt sehr schnell eine Fremdsprache, der andere braucht mehr Zeit, der andere tut sich schwer damit.

Aber wie sieht es mit erworbenen Lese-Recht-Schreibschwächen (LRS) aus? Sofern keine körperlichen oder physischen Handicaps vorhanden sind, dürfte es keine Schwierigkeiten mit dem lernen einer Fremdsprache geben, dies im Gegensatz zum Legastheniker dürfte es für diese deutlich leichter sein, eine andere Sprache zu erlernen.

Unser Kollege David Gerlach hat sich zu diesem Thema auch interessante Gedanken gemacht. Wenn Sie sich mit damit noch etwas genauer beschäftigen möchten, können Sie sich seinen Fachartikel durchlesen[23].

[23] http://www.legasthenie-englisch.de/2011/10/gibt-es-eine-fremdsprachen-legasthenie/

Das IPad ist für das moderne Lernumfeld ein gutes Hilfsmittel

Es gibt unzählige Hilfsmittel für das heutige Lernumfeld. Nur wenige eigenen sich für die praktische Anwendung im Alltag. Eltern suchen oft nach einem, was zum Lernen gut geeignet ist, und ist nicht selten mit der Fülle des Angebotes überfordert. In unserer Arbeit erproben wir verschiedene Hilfsmittel für die Förderung. Heute werden wir uns einmal das iPad genauer ansehen.

Ein optimales Hilfsmittel für legasthene Schüler muss flexibel auf die Bedürfnisse angepasst werden können. Wichtig ist auch die einfache Bedienung des Geräts. Das iPad2 von Apple bietet für das mobile Arbeiten, besonders beim Lernen eine recht gute Alternative, als ein Netbooks oder Notebooks. Besonders ist das Touch-Pad, wo der Name iPad herrührt, man kann alles mit Fingerbewegungen steuern. Mit einer virtuellen Tastatur kann man schreiben, und alle App. (Anwendungen) bewegen. Für den normalen PC-Nutzer ist es durchaus gewöhngsbedürftig, ohne einer Tastatur zu schreiben. Es ist eine automatische Rechtschreibkorrektur dabei, die den unseren alltäglichen Wortschatz abdeckt.

Nach unserer Sicht, ist so ein Hilfsmittel auch sinnvoll für das lernen des Schrift- und Spracherwerbs für legasthene Schüler in der Schule. Da ist das iPad alternativlos, und sogar besser als manche virtuelle Witheboards (Tafeln) in der Schule.

Die Forschung, wie auch unsere Erfahrung in der praktischen Arbeit zeigt uns, dass Schüler besser lernen, wenn alle Sinne dabei angeregt werden. Es gibt für iPad einige gute Lernspiele, die für die Förderung gute ereignet sind. (Wir werden später genauer darauf eingehen)

Das iPad ist nach unserer Meinung ein gutes Hilfsmittel für das moderne Lernumfeld. Kinder bekommen mehr Spaß, wenn sie aktiv im Lernprozess integriert werden können. Es fördert dies bessere Zusammenarbeit der Teilleistungen (Sinnesfunktionen). Die Forschung hat in Studien gezeigt, dass man durch einen multivisuellen Ansatz

Schwierigkeiten ausgleichen kann. Für das Lernen ist daher ein Hilfsmittel mit einem Touch-Pad eine gute Möglichkeit, dies in die Förderung zu integrieren.

Die Kinder lernen, so spielerisch mit den modernen Hilfsmitteln umzugehen. Es wird auch gleichzeitig die Medienkompetenz gefördert. Seit einigen Jahren beobachten wir die anderen Kollegen, in den USA und England, dass sie dieses Hilfsmittel mit die beste Wahl ist, was es auf dem internationalen Markt gibt. Diese Auffassung können wir teilen.

Ratgeber: Legasthenie im Erwachsenenalter

Es gibt viele Erwachsene hier in Dresden und Sachsen, die von einer Legasthenie betroffen sind. Nach Schätzungen der EDA (European Dyslexia Association) geht man von rund 30 Millionen Europäern aus, die Probleme mit den Lesen und Scheiben haben. In der wissenschaftlichen Literatur gibt es sehr unterschiedliche Aussagen, wie hoch die Zahlen sind. Die Zahlen variieren von 5-25 Prozent. Wahrscheinlich sind 15 Prozent nicht unrealistisch, es wären auf die Dresdner Landeshauptstadt immerhin 76.000 Einwohner, die betroffen sind. Und in Sachsen wären es demnach rund 670.000 aller Altersklassen.

Mit solchen Zahlenspielen kann man nur darstellen, dass wir mit sehr großer Sicherheit ein großes Problem mit Menschen die Schwierigkeiten mit dem Erwerb des Lesens und Schreibens haben. Mehr aber auch nicht! Hier werden alle Probleme sehr grob zusammengefasst.

Es gibt sehr große Unterschiede zwischen familiär bedingten (Legasthenie) und erworbenen (LRS) Problemen mit den Lesen und Schreiben verursachen. International gesehen gibt es aber keine wirkliche Unterscheidung der Probleme, da man sie nur als Dyslexia (seit 1940) kennt. Bis heute ist schon einiges in der Forschung geschehen, aber es gibt darüber keinen wirklichen Konsens, wie man diese Schwierigkeiten klassifizieren müsste. Darum haben wir schon seit vielen Jahrzehnten ein großes

Problem in der Diagnostik und individuellen Förderung dieser Menschen. Weil, man sich weniger mit den Ursachen und Wirkungen beschäftigt hat und eben nur die Symptome allgemein zusammengefasst hat.

Die Realität ist es eben deutlich Komplexer, als eine sehr grobe Zusammenfassung nach einer ICD-10-Klassifizierung der WHO. Daher sind alle Versuche zum Scheitern verurteilt, weil man an den falschen Stellen die Ursachen und Auswirkungen sucht, den sie sind nicht immer mit einer Lernstörung oder mit seelischen Problemen zu begründen.

Bis heute gibt es darüber keinen Konsens über die Unterscheidung der Probleme mit den Lesen und Schreiben. Der Psychiater Paul Ranschburg erfand den Begriff Legasthenie, der aber von nachhaltigen geistigen Rückständen höheren Grades ausging. Daher kamen viele Betroffene auf eine Sonderschule für Lernbehinderte, diese Definition wirke bis heute noch nach, daher haben diese Probleme bis heute einen überbetonten medzinsch-psychologischen Ansatz. Dieser bildete für die meisten Methoden die Grundlage zur Lerntherapie dieser umschriebenen Lernstörungen. Darum gibt es unzählige Förderansätze, die für die Hilfesuchenden nicht verständlich sind. In den 50er Jahren widerlegte die Schweizer Psychologin Dr. Maria Lindner die Sichtweisen von Ranschburg und setzte sich für eine normale Beschulung legasthener Schüler ein, in dieser Zeit wurden die Schüler ganz praktisch in die Schule integriert. Was bis in die 60er Jahre in den alten Bundesländern der Fall war. Danach ging man wieder große Schritte zurück, man bezeichnete die Probleme als Lernstörung und Teilleistungsstörung und betonnte ohne Unterscheidung der Ursachen und Wirkungen übermäßig den medzinisch-psychologische Aspekt, woraus der Bundesverband Legasthenie und Dyskalkulie e. V. entstand. So war die Entwicklung bis zur Wendezeit in den alten Bundesländern, und die Ansätze wurden auch hier in den neuen Bundesländern teilweise übernommen.

Zu DDR-Zeiten waren wir von jeglicher internationaler Forschung abgekoppelt. Sicherlich war die Definition von Ranschburg noch geläufig, da viele Betroffene auf eine Sonderschule oder in eine LRS-Klasse kamen. Von staatlicher Seite hat sich bis heute nichts zum Positiven geändert, dass haben wir persönlich erlebt und beobachten es auch bei sehr vielen Betroffenen im Erwachsenenalter in der praktischen Arbeit. Die Lage ist unverändert schwierig besonders, wenn es, um die Förderung und Integration geht.

Eine wirkliche ***Legasthenie liegt schon seit Generationen als familiär bedingte Anlage vor, die sehr facettenreich auftreten kann. Sie hat jedenfalls eindeutig nichts mit Unvermögen oder Dummheit zu tun, sondern gehört schon immer zu uns Menschen.*** *Eine große Rolle spielt auch unsere kulturelle Entwicklung der letzten 250. Jahre, wo das Lesen und Schreiben immer wichtiger wurde.* Wer bis heute eben nicht diese Fähigkeiten ausreichend beherrscht, gilt in der Öffentlichkeit als schwach, krank und behindert. Sicherlich mag es erworbene Probleme zur Unterscheidung geben, die eine Beeinträchtigung des Lernens erschweren können. Darum muss man die Probleme auch unterscheiden, um den Betroffenen überhaupt helfen zu können. Deswegen sind die Probleme mit dem Lesen und Schreiben nicht dieselben!

Daher kann man in der Diagnostik auch bei einem Erwachsenen die Ursachen nicht anhand eines LRS-Tests[24] erkennen, sondern hierfür braucht es langjährige fachübergreifende Erfahrungen, um die wirklichen Ursachen zu erkennen. Meistens haben junge Erwachsene schon im Leben viel erlebt, durchliefen eine Sonderschule oder eine LRS-Klasse, oder mogelten sich anders durch die Schullaufbahn. Die Probleme sind deswegen nicht weniger geworden. Sicherlich sind die Ursachen in der unzureichenden frühen differenzierten Diagnostik und umfassenden Förderung zu suchen. Ein Großteil hat beides nicht erfahren. Weswegen dies auch gravierende Auswirkungen in der ganzen persönlichen Entwicklung hatte. Jeder Betroffene erlebt dies sehr unterschiedlich, es spielt auch der familiäre und soziale Status eine wichtige Rolle.

Deswegen sind auch die Probleme der Erwachsenen sehr unterschiedlich, eine ganze

[24] Shaywitz, S. E., Fletcher, J. M., Shaywitz B. A.: A conceptual model and definition of dyslexia: findings emerging from the Connecticut Longitudinal Study. *In J. Beitschman:* Language, learning, and behavior disorders: developmental, biological and clinical perspectives, *S. 199–223.*

Menge entwickelt im Laufe der Zeit auch seelische Folgeerkrankungen, weil man die Wurzel des Problems nicht genauer erkannt, hat. Denn eine differenzierte Diagnostik kann diese sekundären Erkrankungen präventiv vermeiden, weil eine Legasthenie ganz selten seelische Probleme in der Kindheit verursacht. Nur langfristig werden die Probleme hinzukommen und die wirklichen Ursachen überdecken. ***Rund 40 Prozent der Betroffenen entwickelt deswegen leider Folgeerkrankungen, weil sie nie eine richtige Diagnose und Förderung erhalten haben. Die Dunkelziffer kann durchaus höher sein.***

Für Erwachsene Legastheniker gibt es dennoch die Möglichkeit die Probleme mit dem Lesen und Schreiben in den Griff zu bekommen. **Eine Legasthenie ist kein unüberwindbares Übel, sondern man kann sich entscheiden, entweder man kann nur Straßenschilder Lesen oder man wird vielleicht sogar später einmal ein Schriftsteller.**

Hat man die Probleme erkannt, gibt es gute Chancen auch im fortgeschrittenen Erwachsenenalter die Schwierigkeiten zu überwinden, es liegt an der Motivation sich dem Thema, zu widmen. Es ist zwar für einen jungen Erwachsenen deutlich schwerer, aber es ist mit viel Mut und Rückhalt, möglich ein Leben wie alle anderen zu führen.

Es liegt ja nicht an der Intelligenz, sondern, wir lernen einfach anders das Lesen und Schreiben. Nicht wenige haben viele gute Fähigkeiten, die es zu fördern gilt. Darin muss auch ein wichtiger Fokus liegen. Stures Lese- und Rechtschreibtraining bringt da wenig, sondern die Förderung der ganzen Persönlichkeit ist für die umfassende Hilfe deutlich wichtiger. Denn der Betroffene braucht wieder ein gesundes Selbstvertrauen in seine Fähigkeiten.

Nicht wenige haben Fähigkeiten auch besonders im sprachlichen Ausdruck, warum sollten sie es nicht lernen Ihre Gedanken auf ein Blatt Papier zu bekommen oder Literatur zu Lesen, die Ihnen Freude macht? Ein Legastheniker wird seine Freude am Lernen neu entdecken, wenn er über seine Interessen gefördert wird. Darum gibt es keine routinierte Förderung, die einem Schema die den betroffenen hilft.

Dyskalkulie bei Erwachsenen – Wenn Zahlen keinen Sinn ergeben

Es gibt viele Erwachsene, die nicht richtig Rechnen können, denen zumindest die einfachsten Grundrechenarten nicht gelingen, im Alltag anzuwenden. Sie können mit Größen, Mengen, Zeitabläufe, Maßeinheiten, Gewichten, Geld nicht viel anfangen – weil Zahlen für sie keinen Sinn ergeben, obwohl sie von der Intelligenz her durchschnittlich bis überdurchschnittlich normal sind.

Erwachsene, die mit dem Rechnen Probleme haben, gelten nicht selten aus Unwissenheit in unserer Gesellschaft als Lernbehinderte. Man muss aber auch wissen, dass die Forschung sich bisher recht wenig mit diesem Problem beschäftigt hat, zumindest hat sie es nicht umfassend. Nur als Lernstörung, wie es die WHO versteht, kann man die Probleme nicht einordnen. Das ist einfach zu pauschal und hilft den Betroffenen kaum etwas. Nein, es verstärkt eher noch die Probleme, da man die Schwierigkeiten zu therapieren versucht, die man nicht therapieren kann. Es gibt zumindest keine wissenschaftlichen Belege dazu. Seit etwa 20 Jahren forscht man in diesem Bereich. Den Begriff Dyscalculia kennt man seit den 70er Jahren in Amerika als umschriebene Rechenstörung, genauer gesagt, als pauschalisierte Lernstörung. Deswegen ist auch die wissenschaftliche Betrachtung auf diesem Gebiet sehr diffus, besonders was die Diagnostik in ihrer Gesamtheit betrifft. Überwiegend werden falsche Diagnosen gestellt, Betroffene wissen selten Bescheid, welche Probleme sie wirklich haben. Nicht zu vergessen ist, dass eine Dyskalkulie überwiegend als Kombination Dsykalkulie/Legasthenie in Erscheinung tritt. Es ist unsere persönliche Erfahrung, und wir beobachten es auch in unserer praktischen und wissenschaftlichen Arbeit mit Betroffenen aller Alterklassen.

Zumindest weiß man heute, dass eine Dyskalkulie auch familiär bedingt ist, wie die Legasthenie schon durch die Genforschung belegt wurde. Zumindest liegen die Indizien dafür sehr nahe. Zum anderen gibt es auch umfangreiche erworbene Rechenschwächen, wie sie häufig bei einer erworbenen LRS zu beobachten ist. Da es keine wirklichen

Klassifikationen gibt, ist die Diagnostik und Förderung sehr umfangreich, da es nur sehr wenige Spezialisten gibt, die Ursachen und Wirkungen unterscheiden können. Von staatlicher Seite gibt es da auch keine optimale Förderung, von der Grundschule angefangen, bis hin zum Berufsleben.

Erwachsene fallen aber auf, dass sie sich völlig normal verhalten und in den allgemeinen Fächern durchschnittlich bis gute Ergebnisse erzielen. Bei einem Dyskalkuliker geht es um den Erwerb rechnerischen Grundfertigkeiten, es geht hierbei nicht darum, dass er nicht rechnen kann, sondern es geht um den Grunderwerb des Rechnens. Sie liegt eindeutig an den unterschiedlichen Funktionen der Teilleistungen, wie bei einer Legasthenie. Darum nennt man auch die Dyskalkulie die Schwester der Legasthenie. Die überwiegend als Kombination auftritt und nach unseren Beobachtungen auch familiär bedingt, sind. In unserer langjährigen Arbeit ist uns noch kein Betroffener aufgefallen, der keine kombinierte Variante hatte. Trotzdem kann eine Legasthenie isoliert von einer Dyskalkulie auftreten. In der Wissenschaft gibt es leider keine Studien dazu, die diese Schwierigkeiten zusammen betrachtet haben. Zumindest ist uns keine Studie bekannt. Es gibt sie nicht einmal im Bereich Legasthenie und LRS.

Eine Dyskalkulie ist auch eine andere Denkfähigkeit und Lernfähigkeit, wie die Legasthenie. Das Hirn ist in diesen Bereich anders organisiert, die Sinnesfunktionen, die für das reibungslose Lernen dieser Fähigkeiten zuständig sind, verursachen die Probleme durch eine besondere erbliche Besonderheit in der Verarbeitung im Sprachzentrum, die für die visuelle Verarbeitung von Mengen zuständig ist. Nichts anderes ist eine Dyskalkulie. Trotzdem kann man auch als erwachsener Dyskalkuliker die Schwierigkeiten mit dem Rechnen überwinden und kann das Rechnen wie andere Nicht-Betroffene noch erlernen.

Viele Erwachsene haben das bei guter Intelligenz meistens nur einen Hauptschulabschluss erreicht, da sie meistens an den hartnäckigen Problemen beim Erwerb der Grundrechenarten in der Schule gescheitert sind. Alltägliches Rechnen im Kopf macht ihnen große Probleme, weil sie die Grundrechenarten nicht verinnerlicht haben. Besonders wenn sie einkaufen gehen, können sie nicht die gekauften Artikel abschätzen oder Zusammenzählen, wie groß der Geldbetrag ist. Sie haben einfach keinen Sinn, wie groß die Menge an Mehl ist, die benötigt wird, wenn sie beispielsweise einen Kuchen backen möchten. Auch Zeitabläufe, wie stunden, Wochen, Monate, Jahre machen große Probleme – sie haben für andere scheinbar wenig Sinn dafür.

Wenig Sinn für Zahlen zu haben, macht den Betroffenen sehr große Probleme sich im Alltag zu orientieren, an diesen Schwierigkeiten wird der Zugang für eine angemessene Ausbildung in der Regel scheitern. Für die meisten wird diese Entwickelung zum Teufelskreis, da wenige Fachleute sich damit auskennen diese Probleme wie man diese überwindet.

Beobachtet man aber einen Dyskalkuliker, wird einem auffallen, dass er in den allgemeinen Aufgaben völlig normal sich verhält. Er wird sich unauffällig im Leben bewegen können, er kann sich auch völlig Normal sprachlich artikulieren, was auch ein wichtiges Indiz für eine durchschnittlich normale Intelligenz bedeutet. Wie schon erwähnt, muss man eine Dyskalkulie und Legasthenie immer im engen Zusammenhang sehen und verstehen, wie auch diagnostizieren. Leider wird dies sehr selten so gehandhabt, da man die Probleme meistens isoliert voneinander betrachtet. Darum erhalten die meisten Betroffenen keine umfassende Diagnose der Ursachen und Wirkungen ihrer wirklichen Probleme, da die Förderung sehr unterschiedlich ist.

Auch kombinierte Probleme kann man sehr gut durch umfassende Förderung im Erwachsenenalter in den Griff bekommen.

Wir werden demnächst über einen erwachsenen Schützling berichten, der uns an dieser Stelle in Form eines Filmbeitrages berichten wird.

Warum tritt die Dyskalkulie meistens in Kombination mit Legasthenie auf?

Aus persönlicher und praktischer Erfahrung wissen wir, dass eine familiär bedingte Dyskalkulie sehr oft mit einer Legasthenie in Erscheinung tritt. Sicher ist

jedenfalls, dass Dyskalkulie mit unter auch einen genetischen Ursprung hat. Verschiedene Studien belegen, dass rund 40-70 Prozent der Grundschüler von Kombinationen betroffen sein können.

Nach unseren Beobachtungen gibt es verschiedene Schweregrade. Nach britischen Stichproben ist auch die persönliche Entwicklung von Betroffenen recht eingeschränkt, da fast jeder Zweite laut dieser Studie Langzeitarbeitslose war. Sicherlich kann man in Sachsen und auch deutschlandweit ähnliche Zahlen vermuten. Besonders wenn man sich die konstanten Arbeitslosenzahlen im Bereich der Grundsicherung genauer ansehen würde. Denn diese Menschen sind einer besonderen Gefährdung ausgeliefert, dass sie auch langfristig keine gutqualifizierte Ausbildung erhalten werden. Da denjenigen meistens auch die Bildungsabschlüsse dazu fehlen werden. Die Gefahr ins soziale Abseits zu geraten, ist nach unseren Beobachten und Erfahrungen relativ hoch. Da die Jobsicherung bei besser Qualifizierten deutlich besser ist.

Beruhigend ist, dass nicht jeder Dyskalkuliker eine schwere Legasthenie hat. Dies beobachten wir zwar auch immer wieder in unserer Arbeit, dass es auch solche Fälle gibt. Sie sind jedoch nicht der Regelfall. Sehr oft beobachten wir leichte Legasthenien als Kombination mit Dyskalkulien. Zum einen treten legastheniespezifische Symptome beim Lesen oder auch Schreiben auf. Sie treten aber sehr individuell, aber gehäufter als angenommen auf. Es werden hier sehr unterschiedliche Beobachtungen gemacht. Leider gibt es bisher keine wissenschaftlichen Studien, die dies fundiert eruiert haben.

Nach unserer Sicht darf man keinesfalls die Dyskalkulie isoliert verstehen. Hier werden aber die meisten Fehldiagnosen gestellt, überwiegend aus Unwissenheit. In der wissenschaftlichen Forschung werden diese meistens auch nur isoliert voneinander erforscht, obwohl bereits seit 1985 und 1995 und in neueren Studien 2007 Kombinationen bei Grundschülern beobachtet wurden. In den USA gibt es durch Prof. Rouke und in Deutschland von Prof. Michael von Asten einige interessante Aussagen, als wichtige Indizien für unsere Herleitung. Auf diese werden wir zu einem anderen Zeitpunkt im Detail eingehen.

Um nicht durcheinander zu kommen, muss man an dieser Stelle erwähnen, dass eine Legasthenie als isolierte familiär bedingte Schwäche auftritt. In den letzten Jahren haben wir jedenfalls keine isolierte Dyskalkulie beobachten können. Deshalb bezweifeln wir, dass eine Dyskalkulie als isolierte Schwäche existiert, sofern man von einer familiären Anlage spricht. Erworbene Schwächen wie LRS und Rechenschwäche können durchaus isoliert voneinander auftreten, sofern sie durch die Lernmethodik oder Krankheiten erworben wurden.

Die Gefahr bei Betroffenen mit einer Kombination auf eine Förderschule für Lernbehinderte zu kommen, ist zumindest hier in Sachsen und Dresden sehr wahrscheinlich. Je nach Ausprägung ist dies keine Seltenheit, obwohl die Betroffenen von der Intelligenz her durchschnittlich begabt sind. An dieser Stelle versagt hier die testpsychologische Untersuchung in der Regel. Diese Sicht bestätigt auch der Prof. Manfred Spitzer, dass IQ-Testungen auf dem Durchschnitt der Bevölkerung von 85-115 IQ einigermaßen passen. Werden diese Tests aber mit Lernproblemen oder Sonderbegabungen konfrontiert, so sagt Spitzer: „Dann spaßt nichts mehr so richtig." Diese Aussagen bestätigen unsere Beobachtungen, dass Testungen weder bei Legasthenie oder Dyskalkulie noch bei erworbenen Problemen für eine objektive Beurteilung herangezogen werden können. Leider ist dies der Fall in unserem Bildungssystem oder in der Berufsfindung. Hier ist ein IQ-Test nur sinnvoll, wenn man eine wirkliche Lernbehinderung ausschließen will.

Dies sollte aber in den Grundschuljahren passieren, um frühzeitig intervenieren zu können. So können sowohl vielfältige Probleme im Verhalten als auch seelische Probleme präventiv vermieden werden. Meistens wird jedoch in diesem frühen Alter nicht richtig hingesehen. Zumeist aus Unwissenheit oder fachlicher Unkenntnis. Die Kinder werden daher frühzeitig erkannt. Daher ist es oft zu beobachten, dass diese Kinder häufig auf eine Förderschule delegiert werden. Eine negative Entwicklung für die gesamte Persönlichkeit des Kindes ist dadurch unweigerlich vorprogrammiert. Was auf lange Sicht sehr hohe Kosten für das Gemeinwesen bedeuten wird. Da Förderschüler und Hauptschüler sehr geringe Chancen für eine optimale berufliche Entwicklung erhalten werden. Denn Teilabschlüsse werden in der Wirtschaft nicht wirklich gebraucht. Daher geraten nicht wenige Betroffene ins soziale Abseits und zählen nicht selten zu den Langzeitarbeitslosen. Sicherlich beobachten wir auch andere Fälle. Erwachsene und Jugendliche mit Kombinationen sind doppelt betroffen!

Es ist schon schwer, sich mit einer Legasthenie durch das Schulleben zu kämpfen. Kombinierte Probleme sind durchaus eine deutlich größere Herausforderung als eine isolierte Legasthenie. Die Lebensgeschichte von Jana Kunath wird uns darüber einiges zeigen. Wie schwierig es ist, diese kombinierten Probleme richtig zu erkennen. Betroffene brauchen eine hoch qualifizierte Hilfestellung.

Kommentar: Deutschland Radio berichtet einseitig über Legasthenie und Dyskalkulie

Gestern haben wir den Radiobericht beim Dradio mit Spannung angehört. Und wir werden jetzt diesen Bericht kommentieren. Er ist es jedenfalls Wert, sich kritisch und differenziert damit auseinanderzusetzen.

Erstens Fragen wir uns: Warum immer die gleichen Fachleute zum Thema Legasthenie und Dyskalkulie von den Medien befragt werden. Warum ist es immer, Prof. Schulte-Körne vom wissenschaftlichen Beirat des Bundesverbandes Legasthenie und Dyskalkulie e. V.? Es gibt sicherlich viele andere Wissenschaftler, die sich mit der Thematik befassen und bestens Bescheid wissen. Außerdem fehlte in dem Bericht ein Betroffener, der geschildert hätte, wie er diese Probleme am eigenen Leib erlebt. Mit dieser Art der Berichterstattung kann jedenfalls keine wirklich objektive Sichtweise möglich sein. Unserer Meinung nach ist das alles andere als aufklärender Journalismus!

Zweitens sind die angebenden Zahlen von 4-8 Prozent nicht gesichert, weil es nur grobe Schätzungen sind. Es gibt keine Studien dazu, weder national noch international! Im Interview mit Schulte-Körne fiel auf, dass er zwar die Symptome einer „Lese-

Rechtschreibstörung“ gut beschreibt, jedoch ist seine Darstellung, ähnlich wie wir das vom Selbsthilfeverband her kennen, einseitig medizinisch-psychologisch. Es gibt weitere wissenschaftliche Richtungen, die man in die Fragestellung hätte einbeziehen müssen, unabhängig vom Selbsthilfeverband. Möglicherweise vertritt dieser Selbsthilfeverband insbesondere die Interessen der Pharmaindustrie. Die umschriebene Symptomatik einer Legasthenie nach ICD-10 Diskrepanzklassifizierung der WHO ist der heiß diskutierten und höchst umstrittenen Erscheinungsform AD(H)S sehr ähnlich – und lediglich grob zusammengefasst dargestellt worden. Der Öffentlichkeit muss klar sein, je breiter Klassifizierungen sind, desto mehr Menschen können als therapierbar eingestuft werden. Darum vertritt dieser Selbsthilfeverband anscheinend nicht die Interessen der Betroffenen, sondern wahrscheinlich die Interessen der Pharmaindustrie (wie wir schon am 30. Mai 2009 berichteten). Sehr ähnlich, wie wir sie bei der ADHS erleben[25]. Erkennen Sie die ähnlichen Parallelen? Es sind mit Sicherheit die selben!

Als nächsten Punkt: Es gibt nach wie vor noch keine wissenschaftlichen Beweise, dass eine Legasthenie oder Dyskalkulie therapierbar ist. Allerdings weisen einige führende Wissenschaftler darauf hin, dass man die sehr komplexen Schwierigkeiten umfassend mit einem speziellen Training kompensieren kann. Daher ist, unserer Meinung nach, weder die Herangehensweise und das Verständnis des Selbsthilfeverbandes wissenschaftlich fundiert, noch für uns „Betroffene“ in irgendeiner Form dienlich. Denn anstatt integrativ zu arbeiten, wie dies dieser Verband seit Jahrzehnten propagiert, produzieren wir, genau genommen, keine Integration, sondern im großen Stil und Ausmaß „Scheinkranke für die Pharmaindustrie“. Wenn eine Legasthenie / Dyskalkulie familiär bedingt ist, ist es eine natürliche Anlage des Menschen und braucht besondere pädagogische Förderung, um in der Schule klarzukommen und keine Therapie. Erst neulich warnten andere Wissenschaftler dass wir mehrere Millionen „Scheinpatienten“ produzierten und gingen auch kurz auf das Thema Legasthenie ein[26]. Wir beobachten es auch in unserer praktischen Arbeit, dass es tatsächlich so ist. Wir warnen die Eltern, weil unser Fokus die differenzierte Diagnostik und Förderung sein muss, um den Kindern

[25] http://www.faz.net/aktuell/politik/inland/ritalin-gegen-adhs-wo-die-wilden-kerle-wohnten-11645933.html
[26] http://www.spiegel.de/wissenschaft/medizin/0,1518,819842,00.html

einen Therapiemarathon zu ersparen. Sicherlich sollen die Betroffenen Hilfe von den Gesundheitsberufen erhalten, wenn sie diese benötigen. Das ist auch unsere Sicht und Herangehensweise.

So wie es der Bundesverband Legasthenie und Dyskalkulie e. V. darstellt, funktioniert es allerdings in der Praxis nicht. Wir beobachten hier in Dresden und allgemein in Sachsen, dass es von öffentlicher Seite keine differenzierte Hilfe und kaum finanzielle Unterstützung gibt. Dass unsere Kinder erst einmal seelisch behindert sein müssen, um „therapiert“ werden zu können, ist eine Tatsache, die uns sehr nachdenklich stimmt. Nach unserer Sicht ist es eine äußerst unmenschliche Situation, über diese bürokratischen Umwege der Jugendämter eine entsprechende Förderung zu erhalten. Wir müssen uns als Gesellschaft fragen, was sind uns denn Kinder unsere uns Wert? Wollen wir sie alle durch Therapie perfektionierten, und die Kinderseelen Erstrecht krankmachen? Oder wollen wir Ihnen erstklassige Bildung ermöglichen? Sicherlich muss sich diese Frage jeder persönlich stellen. Doch sei an dieser Stelle gesagt, dass es sich um eine überlebenswichtige Frage für unser Gemeinwesen handelt, wie wir künftig unsere Kinder umfassend fördern wollen!

Dann haben wir noch einen weiteren Punkt, der uns in der Radiosendung des Dradio aufgefallen ist: das Marburger Rechtschreibtraining wird als Therapieform angepriesen. Das ist ja, sowas von einseitig! Sicherlich kann man dieses Rechtschreibtraining mit in die Förderung integrieren, doch es gibt viele andere Möglichkeiten, diese Kinder kreativ zu fördern.

Leider wurden zum Thema Dyskalkulie kaum Aussagen getroffen. Was aus wissenschaftlicher Sicht jedenfalls falsch ist, dass die Dyskalkulie eine ganz eigene „Störung“ sein soll. Nach unseren Beobachtungen ist die Wahrscheinlichkeit von einer Kombination Legasthenie/Dyskalkulie betroffen zu sein bei 40-70 Prozent, als eher wahrscheinlich. Verschiedene andere Wissenschaftler kennen auch verschiedene Kombinationen dieser Lernschwierigkeiten, wir beobachten diese auch in unserer Arbeit.

Fazit: Uns zeigt es wieder, dass unsere öffentlichen Medien nicht unabhängig über diese Themen berichten. Dass bringt uns jedenfalls in der ganzen Diskussion nicht weiter.

Work-Life-Balance für legasthene Führungskräfte

Heute gibt es wieder einmal einen persönlichen Beitrag von mir. Wenn man ein aktiver Mensch ist, braucht man unbedingt auch eine Work-Life-Balance. (Gleichgewicht, zwischen: Arbeit und Erholungsphasen) sicherlich ist es nicht immer einfach; aber wenn man im Job will fit sein braucht man noch etwas anderes als nur Arbeit, sonst, besteht die Gefahr ein Burnout zu erleben.

Hier habe ich ein paar Tipps:

- Gezielte Pausen einlegen und auch einhalten (Frühstück, Mittagspause, Kaffeetrinken)
- Man sollte auch nicht das regelmäßige Trinken vergessen, Kaffee nur in Maßen trinken.
- Regelmäßig die Büroräume lüften.
- Sitzt man viel im Büro, sollte man auch immer wieder die Körperhaltung ändern, wie wäre es denn mit einem Gymnastikball.
- Aufgaben, die man aus der Hand geben kann, an andere delegieren.
- Internet-Flatrates haben fast alle, es besteht aber die Gefahr, dass man unnötige Zeit im Netz vertut, die man vielleicht für Ruhephase oder reale Freizeitangebote investieren kann. Ständiges online sein, schadet der Konzentrationsfähigkeit (eine Zeitsteuerung für ein internes WLAN durchaus sinnvoll).
- E-Mails, Soziale-Netzwerke sollte man zu festen Zeiten abrufen! Man muss nicht immer abrufbar sein.

- Man sollte möglichst täglich sich einen kurzen Spaziergang an der frischen Luft können (20-minütiges Straffes gehen, reicht schon aus, um genügend Sauerstoff zu tanken) 1-2 Mal Fitnessstudio die Woche ist durchaus sinnvoll.
- Man muss nicht immer alles mit dem PC notieren, man kann auch Ideen oder Notizen auf ein Diktiergerät sprechen.
- Sehr wichtig ist: Sich mit echten Freuden treffen! Hat man überwiegend nur Online-Freunde über Facebook und Co, sollte man sein Verhalten dringend hinterfragen. Da sollte man sich vielleicht fragen, ob am internetsüchtig ist!

Für Aktive Menschen besteht immer die Gefahr, auszubrennen! In meiner Arbeit nutzen mir diese Tipps schon seit Jahren! Ich habe sie in meiner täglichen Arbeit entdeckt. Sicherlich gibt es noch viele andere Tipps. Probiert Sie einfach einmal aus, achtet einfach auf die Work-Life-Balance, um lange fit zu bleiben.

Ähnliche Tipps erhalten bei uns auch legasthene Führungskräfte in unserem Training und Coaching in Dresden. Da diese Themen sehr wichtig für eine umfassende Personalentwicklung sind.

Kommentar: Legasthenie: Wenn Buchstaben keinen Sinn ergeben

Wir haben am 11.04.12 mit Spannung die Sendung zum Thema Legasthenie bei *Stern-TV*[27] angesehen. Es ist gut, dass die Medien über das Thema Legasthenie berichten – aber, wenn sie schon darüber berichten sollte, es aufklärend und objektiv sein, und nicht eine dominante Meinung des Bundesverbandes Legasthenie und Dyskalkulie e. V. , um sie in der Öffentlichkeit als „Highlight“ für bessere Einschaltquoten zu präsentieren. Das spricht nicht für Professionalität, sondern erweckt den Anschein nach PR-Arbeit eines Selbsthilfeverbandes, der zunehmend die Interessen der Pharmaindustrie vertritt, und nicht unsere.

Das rückt jedenfalls nicht die Probleme, die wir in unserer Gesellschaft haben ins

[27] http://www.stern.de/tv/sterntv/legasthenie-wenn-buchstaben-keinen-sinn-ergeben-1811447.html

richtige Licht. **Dass sogar, der Legastheniker Prof. Tiemo Grimm meint: "Das Allerwichtigste ist, seine Behinderung zu akzeptieren zu lernen, damit umzugehen", ist keine wissenschaftliche Herleitung, sondern, eine umstrittene These.** Weil, es keine Belege für eine Krankheit oder Behinderung gibt. Sicherlich könnte man, alle Menschen die von einer Anlage her, sehr früh graue Haare bekommen, als krank, behindert, gestört einstufen. So ist es auch mit dem komplexen Bereich: der Lese- und Rechtschreibschwächen, welche leider nur aus einer Perspektive von den Medien berichtet wird. So erfüllen jedenfalls die Medien nicht ihren Auftrag, neutral und unabhängig zu berichten.

Ein überwiegender Teil von uns versteht sich nicht als behindert, krank und auch nicht als gestört. Sicherlich mag, es Betroffene geben, die eine erworbene Lese- und Rechtschreibschwäche haben, die über eine Entwicklungsverzögerung oder andere Krankheiten der Sinnesorgane oder Psyche verfügen, die daher ein Handicap, haben. Bei uns Legasthenikern und Dyskalkulikern ist diese Herleitung nicht richtig! Daher muss man auch die Ursachen einer familiär bedingten Legasthenie oder erworbenen Lese- und Rechtschreibschwäche unterscheiden. Also, familiäre Genetik und Umweltfaktoren sind nur ein kleiner Teilaspekt der modernen Legasthenieforschung. Dass Legasthenien gehäufter in Familien vorkommen, ist richtig. Sehr fragwürdig ist, dass man mittels Gentests eine Legasthenie erkennen will. Man hat zwar in den letzten 15 Jahren verschiedene genetische Zusammenhänge gefunden, dennoch weiß die Neurowissenschaft, noch nichts über die genaueren Zusammenhänge im Detail. Es ist jedenfalls wissenschaftlich, umstritten das man mittels Gentestung eine familiäre Veranlagung richtig diagnostizieren kann. Nach unserer Sicht, verhindert man das Betroffene eine gute Förderung erhalten, und somit aus dem Fokus, umfassender Förderung geraten. Denn, wer als krank eingestuft wird, findet sich gern damit ab – nimmt vielleicht lieber Medikamente – statt erstklassiger Förderung zu erhalten. Das ist ein Zustand, der uns sehr nachdenklich macht. Denn hier fördert man erst recht seelische Folgeerkrankungen, in dem man erstrecht diesen begabten Menschen eine „Behinderung“ einreden will, die in Wirklichkeit nicht mehr als eine Laune der Natur ist.

Ein viel wichtigerer Ansatz der modernen Legasthenieforschung ist: die umfassende Förderdiagnostik aus fachübergreifender Perspektive. (Soziologie, Pädagogik, Gesundheitsberufe etc.), um den Betroffenen, egal ob, mit erworbenen Lese- und Rechtschreibschwächen oder familiär bedingten Anlagen exzellente Förderung zu ermöglichen. Diese muss maßgeschneidert sein! Jeder Legastheniker hat Schwächen und Stärken mit individuellen Bedürfnissen, um das Lesen und Schreiben zu erlernen. Denn für das Lernen des lesen und schreiben, sind keine Gene zuständig, sondern Sinnesfunktionen, die trainiert und ausgeglichen werden können. Man spricht hier, von der Neuroplastiziät des Gehirns, was auch bei einer familiär bedingten Legasthenie die Schwächen ausgleichen kann. Belege für eine erfolgreiche Legasthenietherapie gibt es nicht, sondern unser Gehirn kann die Schwächen mit gezielter Förderung kompensieren. Dafür gibt es Belege aus der Lernforschung. Manfred Spitzer ist einer der führenden Spezialisten auf dem Gebiet der Neurowissenschaften. Also, umfassende pädagogische Förderung ist der Hauptfokus! Die Sicht, dass man sich mit der Behinderung abfinden muss, teilen wir nicht, diese Herleitung empfinden wir als Diskriminierung und Menschenrechtsverletzung. Eine Legasthenie kann man sehr gut kompensieren, um auch die guten Potenziale später im Leben einsetzen zu können. Wichtiger sind die Stärken im Lesen und Schreiben zu stärken! Denn viele von uns können sich gut mündlich artikulieren. Warum sollten nicht alle die Fähigkeiten erlernen, unsere Gedanken zu Papier zu bekommen?

Nach unseren Recherchen sind alle Mitwirkenden der Sendung Mitglieder im Bundesverband Legasthenie und Dyskalkulie e. V.! Ist das eine gezielte Medieninszenierung, PR-Kampagne, oder Zufall? Wir beobachten schon seit vielen Jahren, dass die Berichterstattung in den Medien überwiegend von diesem Selbsthilfeverband dominiert wird, was uns sehr nachdenklich stimmt.

Fazit: Es kam das Thema, einmal wieder in die Medien! Leider nicht objektiv und schlecht moderiert.

Jede einzelne Trainingstunde brachte Fortschritte

Letzte Woche haben wir einen Schützling verabschieden können. Nach 18-monatigem Training wurde seine schulische Entwicklung deutlich besser, und er schaffte auch die prognostizierten Ziele. Er sollte einen guten Realschulabschluss schaffen, mit möglicher Option der Fachoberschule oder berufliches Gymnasium – seine Ziele hat er erreicht! Und wir konnten ihn dabei, Stück für Stück unterstützen.

Eine sehr nette Rückmeldung einer Familie: Wir möchten ihnen auch noch einmal Dank sagen. Jede einzelne Stunde die A. bei ihnen hatte, hat ihn einen Schritt nach vorn gebracht. Auch wenn die Zeit wie im Flug vergangen ist, war es doch spannend die Entwicklung verfolgen zu können. Sicher war es nicht immer leicht und es waren auch Rückschläge dabei, aber so ist es nun mal im Leben. Er wird seinen Weg machen. Natürlich ist es nicht einfach am beruflichen Gymnasium zu bestehen, aber wie hießt es so schön: "Man wächst an seinen Aufgaben". Wir sind froh, dass er den Ehrgeiz entwickelt hat, es zu versuchen.

Jugendliche Legastheniker sind immer eine Herausforderung! Nicht nur die Probleme mit dem Lesen und Schreiben sind für sie Hürden, sondern die ganze Persönlichkeitsentwicklung ist meistens nicht ganz so einfach. Anfänglich ist denen nicht klar, dass man an seinen Schwächen arbeiten kann. Denn mit einer Legasthenie kann man gut Leben, denn man kann sie mit erstklassiger Förderung sehr gut kompensieren.

Dieser Jugendliche ist nur ein Beispiel, von vielen Schützlingen, die wir hier in Dresden bei Legasthenie Coaching bisher begleitet haben. Wenn man diese ganze Phase einmal rückblickend, Revue passieren lässt, zeigt es uns, wenn man genügend Ehrgeiz entwickelt auch schrittweise Erfolge mit einer Legasthenie erzielen kann.

Was sicherlich sehr förderlich war, dass seine Eltern ihn die optimale Unterstützung geboten haben. Er war auf einer guten Schule in privater Trägerschaft, hier in Dresden. Hier hatte er das optimale Lernumfeld! Dazu bekam er unsere private Förderung, die ihm umfassend begleitet hat. Wenn, sich Eltern kümmern, und nicht immer nur auf staatliche Hilfe hoffen, kann man den Betroffenen auch optimal helfen – das ist ein sehr vorbildliches Beispiel, das es funktioniert.

Jackie Stewart: Sie werden uns nie wirklich verstehen!

Der schottische Rennfahrer Sir Jackie Stewart und Legastheniker sagte einmal bei einer Wissenschaftstagung, wo sämtliche Legasthenieforscher tagten: „Sie werden nie wirklich verstehen, was es bedeutet, Legastheniker zu sein. Egal, wie lange Sie schon in diesem Bereich arbeiten, egal, ob Ihre eigenen Kinder Legastheniker sind – Sie werden nie verstehen, wie es sich anfühlt, die ganze Kindheit über gedemütigt zu werden und Tag für Tag eingeimpft zu bekommen, dass Sie es nie zu etwas bringen werden.[28]“

Diese Anschauung des bedeutenden Rennfahrers, der den 27.Grand-Prix-Titel gewann, ist eine Aussage eines Legasthenikers. Der aus persönlicher Erfahrung der Wissenschaft einen guten Kerngedanken weitergegeben hat. Denn auch diejenigen Experten können uns Legastheniker allerdings wissenschaftlich unter die Lupe nehmen. Es wird ihnen keineswegs gelingen, uns zu verstehen. Falls sie nicht aus eigener Empirie sich wissenschaftlich mit diesem Thema beschäftigen.

Viele Betroffene erzählen uns hier sehr ähnliche Erfahrungen in Dresden und finden sich in Stewarts Ausführungen wieder. Wie kann ein Nicht-Legastheniker auch Verständnis haben? Was es eben bedeutet, vielleicht noch von seinen eigenen Eltern, Freunden, Lehrern als „Spasti“ oder gar als „Trottel“ wahrgenommen zu werden. Der sich vielleicht noch durch die Schulzeit mit sehr viel Mühe durchgekämpft hat. Sich trotzdem

---

[28] "Sie werden nie wirklich verstehen". Stewart J., Vortrag vor British Dyslexia Associations, Sheffield, England (2001).

deswegen schämen musste, ein Legastheniker zu sein! Nur weil den anderen, ohne es zu wissen, das Verständnis und Einfühlvermögen fehlte.

Die allermeisten können es nicht nachvollziehen, dass legasthene Menschen von Natur aus anders lernen, denken und wahrnehmen. Allerdings intelligent sind und nicht selten spezielle Fähigkeiten haben[29]. Im Gegensatz zu anderen, die Probleme in Form einer erworbenen Lese-Recht-Schreibschwäche (LRS) haben. Lernen Legastheniker sich total anders!

Sieht man sich die Lebensbeschreibungen vieler Betroffener an, egal ob erfolgreich oder weniger. Jackie Stewart, Michael Jackson, John Lennon, Andy Warhol haben Ähnliches erlebt. Auch viele andere Unternehmer profitierten von den Schwierigkeiten dann im Geschäftsleben, wie der Apple Erfinder Steve Jobs, ist nur ein Beispiel von einigen anderen recht erfolgreichen innovativen Geschäftsleuten. Sie gingen alle ihren persönlichen Weg, auch wenn es für sie sehr steinig war.

Buchbesprechnung: Lesen und Legasthenie aus kognitionspsychologischer Perspektive

Post vom 10.01.2010

Der führende französische Intelligenzforscher Prof. Stanislas Dehaene veröffentlichte im Sommer 2010 die deutsche Ausgabe des Sachbuchs „Lesen Die größte Erfindung der Menschheit und was dabei in unseren Köpfen passiert[30]“.

In seinem umfassenden Werk beleuchtet er sehr differenziert heutige wissenschaftliche Erkenntnisse über die Entstehung der Lesekompetenz. Neuronale Strukturen und Verarbeitungsprozesse werden im Detail genauer beleuchtet. Auch das Lesen lernen beschreibt er sehr gut. Außerdem stellt er die heiß debattierte Ganzwortmethode infrage und zeigt eindeutige Fakten auf für die Ineffizienz dieser Leselernmethode.

[29] Maryanne Wolf: Das lesende Gehirn, Kapitel 7: Das Rätsel der Legasthenie und die Hirnstruktur S.193/194.

[30] http://www.randomhouse.de/book/edition.jsp?edi=348725

Besonders interessant ist das Kapitel über das Legasthenikergehirn, wo er auf sehr wichtige Zusammenhänge bei der Entstehung der Legasthenie eingeht. Dass ein Kognitionspsychologe natürlich von einer Lesestörung schreibt, ist nicht verwunderlich. Er bekräftig aber: „Unter Legasthenie versteht man eine unverhältnismäßige Schwierigkeit beim Leseerwerb, die nicht durch eine Verzögerung der geistigen Entwicklung, durch Mängel der Sinneswahrnehmungen oder durch ein ungünstiges soziales oder familiäres Umfeld erklärbar ist", was wiederrum bei erworbenen Schwierigkeiten der Fall sein kann. Da treffen mögliche Erkrankungen der Sinnesorgane, Mängel in der geistigen Entwicklung sowie seelische Erkrankungen, und Schwierigkeiten im sozialen oder schulischen Umfeld auf. Mit dieser Definition wird in dem Jahre währenden Streit, ob man Legasthenie und erworbene Schwierigkeiten, also die Lese-Rechtschreib-Schwäche (LRS), differenzieren muss, auch einmal von einem Psychologen eine klare Position bezogen. Bisher gab es in der populären Literatur keine derartige Differenzierung. Daher liegt es nahe, auch bei der Diagnostik zu differenzieren, um bei den Betroffenen mit Erfolg intervenieren zu können.

Die Wissenschaft streitet bis heute, ob nun die Legasthenie nur mit einer anderen visuellen (sehen) oder nur optischen(hören) Verarbeitungsstörung zu tun hat. Die komplexen Zusammenhänge der hörenden und sehenden Wahrnehmung beim Lesen und Schreiben, diese ist bei Legasthenikern unterschiedlich, es gibt vielfältige Kombinationen und Ausprägungen. Verschiedene Studien belegen, dass die Legasthenie auf eine andere neuronale Verschaltung der linken und rechten Gehirnhelfe zurückzuführen ist. Sie bestätigen, dass man mit einem Training aller Sinnesfunktionen das Gehirn neu strukturieren kann, da es sich durch seine Neuroplastiziät umfassend neuorganisieren kann. Daher kann man nach der Lektüre dieses Buches zu dem Schluss kommen, dass legasthene Menschen über eine veranlagte Variation universaler neuronaler Mechanismen verfügen, um anders das Lesen zu erlernen – jedenfalls ist Legasthenie als ein Krankheitsbild, ein Störbild oder gar ein Defizit nicht mehr tragbar. Im engeren Sinne liegt nur eine andere neuronale Verschaltung mit komplexen Zusammenhängen vor, die man durch ein umfassendes Lernumfeld mit Erfolg ausgleichen kann.

Dehaene bezweifelt, dass es längerfristig keine Behandlungsformen einer Legasthenie geben wird, um eine Legasthenie zu heilen, da sie erwiesener Maßen ein **Prof. Stanislas Dehaene** es und neurologisches Erbe darstellt. Dieses Sachbuch sollte die Wissenschaftswelt animieren, sich viel umfassender und interdisziplinärer mit diesen Thema zu beschäftigen, so dass Menschen mit einer Legasthenie die gleichen Möglichkeiten haben, sich zu entwickeln.

Wer sich mit diesem sehr komplexen Thema einmal genauer beschäftigen möchte, dem empfehle ich unbedingt dieses Sachbuch.

Manfred Spitzers Streitschrift: Digitale Demenz

Der Hirnforscher Manfred Spitzer ist für unbequeme Bücher bekannt. Nun hat Spitzer ein weiteres Buch zum Thema: Digitale Demenz - Wie wir uns und unsere Kinder um den Verstand bringen[31], herausgegeben.

Spitzer setzt sich analytisch kritisch mit dem Thema digitale Medien auseinander. Er ermahnt uns Erwachsene den eigenen Medienkonsum, zu hinterfragen. Sicherlich wird Spitzer von manchen Kritikern als altmodisch belächelt, weil er die hochgepriesene Computerspiel-Pädagogik unserer Bildungspolitiker und die mächtige Lobby der Softwareunternehmen durchblickt und hinterfragt. Eine unabhängige und kritische Beobachtung ist aber von einem Wissenschaftler zu erwarten. Der eben die gesellschaftlichen Entwicklungen, auch wenn sie nicht bequem sind differenziert beobachtet.

Er kritisiert die unreflektierte Nutzung neuer Technologien und warnt das wir Kinder zu früh mit Online-Spielen oder Konsolen abhängig machen können. Denn neuere internationale Forschungsprojekte stellen dem lernen mit digitalen Medien kein gutes Zeugnis aus. Diese Ergebnisse zeigen: digitale Medien können langfristig den Körper

[31] http://www.droemer-knaur.de/buecher/Digitale+Demenz.7783008.html?ansicht=leserstimmen

vor allen dem Geist und Psyche negative Auswirkungen haben, die auch depressive Störungen fördern können.

Besonders wenn wir nur noch googeln, surfen, chatten und posten, lagern wir geistige Arbeit aus. Und wenn man es auf langfristiger Weise übertreibt, kann daraus ein schleichender Prozess sich entwickeln mit suchtartigen Symptomen ähnlich einer Alkoholkrankheit, der auch die sogenannte digitale Demenz umschreibt. Sie ähnelt einem geistigen Abstieg eines Alzheimer Patienten. Die Beobachtungen machten zuerst Mediziner im hochtechnologisierten Südkorea im Jahr 2007, wo der besagte Begriff entstand.

Spitzer legt nahe, dass man mit einer unbedachten Nutzung der modernen Medien auch Lernschwächen im Lesen, Schreiben und Rechnen, Gedächtnis-, Aufmerksamkeit- und Konzentrationsstörungen fördert.

Spitzer bestätigt jedenfalls unsere Sicht, dass man so Lernschwächen wie man sie im Bildungswesen pauschal als Lese- und Rechtschreibschwäche (LRS) und Rechenschwäche definiert damit fördert bzw. den Erwerb dieser Schwächen.

Erworbene Schwächen können aber durch ein bewusstes Medienverhalten überwiegend vermieden werden. Leider wollen verschiedene Lobbys diese Probleme nicht unterscheiden. Manfred Spitzer bestätigt in seinem Buch, dass die, die imstande sind, familiäre (Legasthenie und Dyskalkulie) und erworbene Schwächen zu unterscheiden auf dem richtigen Weg sind.

Denn Legasthenie und Dyskalkulie gab es schon immer, die erworbenen Probleme wie LRS und Rechenschwächen als auch die umstrittenen Konzentrationsschwächen ADS und AD(H)S sind überwiegend eine Ursache des modernen gesellschaftlichen Verhaltens die man als Schwäche zu therapieren versucht. Ein rücksichtsvoller Umgang mit den Medien, egal welchen Medien könnte viele Probleme vermeiden helfen.

Die Medienindustrie wie auch die Pharmaindustrie mit ihren Selbsthilfeverbänden haben ersichtlich nicht das Wohl von uns wie auch unseren Kindern im Blickfeld, sondern den maximalen Profit.

Fazit:

Dieses Buch sollte uns jedenfalls ermuntern den technischen Fortschritt, der nicht mehr rückgängig gemacht werden kann und deren Auswirkungen im positiven wie im negativen zu hinterfragen. Unsere Kinder müssen wir unbedingt den kritischen Umgang im Hinblick mit modernen Medien beibringen. Was nicht heißt die Arbeit mit dem Computer zu verteufeln, nein ein maßvoller Umgang mit den Neuen Medien ist wichtiger.

Hier sind wir natürlich auch als Erwachsene gefragt aber auch die Schulen, die mit qualifizierten Medienpädagogen die Kompetenzen im Umgang mit den neuen Technologien fördern. Sie sollten auch ein gewisses Maß an Verständnis über die möglichen Gefahren verfügen, wenn unsere Kinder und Jugendlichen die eigene Kontrolle über ihr Nutzerverhalten verlieren.

Auch die Bildungspolitik sollte durchdachte Konzepte für die Arbeits-, Lern- und Lebenswelt entwickeln und die neusten wissenschaftlichen Erkenntnisse berücksichtigen. So könnte man eine bessere Prävention der viel diskutierten Verhaltens- und Konzentrationsprobleme sowie erworbene Lernschwächen umsetzten, statt immer mehr Abhänge für die Medien- und Pharmakonzerne zu produzieren - die man präventiv vermeiden könnte.

Legasthenie und Hochbegabung

Das Thema Hochbegabung und Legasthenie ist bis heute ein wenig beachtetes Gebiet, weil die bisherige Legasthenieforschung sich überwiegend mit den Defiziten legasthener, Menschen beschäftigt hat. Es gibt aber einige Indizien und Beispiele für sehr begabte Menschen mit Legasthenie (Dyslexia). Albert Einstein ist nur einer von vielen begabten Legasthenikern, die zwar eine Schwäche mit dem Lesen, Schreiben, und wie es bei Einstein der Fall war, auch eine Rechenschwäche haben -

der aber trotzdem auf vielen Gebieten große Begabungen hatte.

In den letzten Jahren unserer Arbeit haben wir immer wieder Schützlinge erlebt, die sehr begabte Schüler sind. Das Thema Hochbegabung ist ein sehr vielfältiges Thema. Leider können sich viele nicht vorstellen, wie man als Legastheniker Schwierigkeiten mit dem Lesen und Schreiben haben, und dabei trotzdem auf anderen Gebieten besonders begabt sein kann, die nichts mit diesen Kulturtechniken zu tun haben. Aus der Biografie von Albert Einstein wissen wir, dass er sich alle Theorien bildhaft vorgestellt hat. In seinen Vorstellungen kam keine Schriftsprache vor. Er tat sich in seiner Kindheit mit dem Lesen, Schreiben und auch Rechnen schwer - was für viele in unserer heutigen Gesellschaft kein wirkliches Indiz für eine besondere Begabung ist. Besonders schwierig wird es, wenn man Schüler mit Legasthenie und Hochbegabung fördern will. Die differenzierte Diagnose einer Legasthenie in Kombination mit einer Hochbegabung ist fast nicht möglich, da man im Bildungssystem einen IQ von mindestens 130 für eine Hochbegabung verlangt, damit legasthene Hochbegabte "Exzellenzförderung" erhalten. Seit Jahrzehnten halten Selbsthilfeverbände und das Schulwesen an dieser sehr ungerechten Festsetzung fest, obwohl die Hochbegabtenforschung (nach einer Studie von Rost, 2000) diese Herangehensweise in einer empirischen Studie widerlegt hat. In dieser Studie untersuchte man Hochbegabte auf ihren IQ, wobei nur ca. 15 % der Probanden der Forderung von 130 IQ entsprach. Daher lässt sich bei dieser Festlegung im Bildungssystem von einer hohen Intelligenz als Potenzial für herausragende Leistung daher schwerlich sprechen. Ziegler schreibt weiter: **Leistungen können viel besser durch vorangegangene Leistungen prognostiziert werden. Trotzdem bietet eine leistungsbasierte Definition von Hochbegabung keine gute Erklärung, da sie das fundamentale wissenschaftstheoretische Prinzip verletzt, wonach Erklärungen auf einer allgemeineren Ebene angesiedelt sein müssen als die Phänomene, die sie erklären sollen.** Das heißt also, wenn man vielleicht Einstein oder andere begabte Legastheniker mittels IQ-Test beurteilen will, würden nur die festgesetzten Quotienten gemessen werden, diese aber können die wirklichen Fähigkeiten dieser Menschen nur im geringen Maße widerspiegeln. Sieht man sich nämlich Einsteins Leistungen im Laufe seiner Entwicklung an, wird klar, dass er ein Legastheniker und wahrscheinlich auch Dyskalkuliker mit einer Hochbegabung war. Sehr ähnlich kennen wir es aus der persönlichen Lebensgeschichte, das viele Testungen meist Fehleinschätzungen der wirklichen Fähigkeiten waren. Sicherlich kann man nicht von jedem Betroffenen sagen, er sei hochbegabt. Aufgrund unserer Beobachtungen in der Praxis wissen wir, dass es viele Legastheniker gibt, die man nicht als exzellente Leister erkannt hat, weil man nur deren "Schwäche" in der Testung beachtet hat. Aus der Intelligenzforschung wissen wir, dass standardisierte IQ-Tests für die durchschnittliche Bevölkerung weitestgehend richtig prognostiziert werden können. 80 IQ Hauptschule, 100 IQ Mittlere Reife, 120 IQ Gymnasium. Haben aber Probanden besondere Fähigkeiten oder Schwächen (Legasthenie, Dyskalkulie), wird es unweigerlich zu Fehleinschätzungen kommen. Daher wird der Ansatz eines IQ von 130 bei der Förderung von Hochbegabten diesen nicht gerecht. Wir kennen ein Beispiel aus der Praxis. Ein 13-jähriger Schüler hatte einen IQ von ca. 135 von der Sächsischen Bildungsagentur bestätigt bekommen. Dieser bekam dann eine Empfehlung für eine staatliche Hochbegabtenschule in der Region. Nun trat aber der Fall ein, dass dieser Schüler große Probleme mit dem Lesen und Schreiben hatte und schon sekundäre Begleitsymptome, wie z.B. Versagensängste, entwickelt hatte. Zusätzlich lag immer der Verdacht einer LRS nahe, so stand im Gutachten, dass dieser Schüler vermutlich eine Lese-Rechtsschreib-Schwäche habe. Nach unseren Testungen kam heraus, dass der jugendliche Legastheniker eine Hochbegabung hatte. Denn die Schwierigkeiten lagen in der Familie, sein Vater ist auch Legastheniker mit einem Hochschulabschluss. Trotzdem wurde der Schüler völlig falsch eingeschätzt. Denn auf dieser Hochbegabtenschule scheiterte er, weil die Anforderungen beim Erlernen mehrerer Fremdsprachen und die viele schriftliche Arbeit ihn von den Leistungen her haben völlig versagen lassen. Und so musste er die Schule wieder verlassen, kam auf ein öffentliches Gymnasium, wo er sich dann Stück für Stück zusammen mit unserer Förderung verbessern konnte. Aber nun muss man sich die Frage stellen, ob der Schüler trotzdem hochbegabt ist? Nach unserer Sicht ist er mit seiner Legasthenie auch ein Hochbegabter, der im Bildungswesen einfach nicht richtig beurteilt wurde - weil die IQ-Messung den Schüler nicht richtig eingeschätzt hat. Bei Schülern mit einer genetisch bedingten Legasthenie ist es sehr häufig der Fall, dass die wirklichen Leistungen im Bildungssystem nicht richtig eingeschätzt werden, was mit dem schwammigen LRS-Begriff zusammenhängt, welcher alle Schwächen, egal ob erworben (LRS) oder veranlagt (Legasthenie), zusammenfasst. Wir kennen sehr viele Fälle, bei denen die Schüler nicht richtig eingeschätzt wurden, daher konnten diese sich nicht entsprechend ihrer tatsächlichen schulischen Leistungsfähigkeit entwickeln. Sind die Schüler dann in einigen Bereichen besonders begabt und haben in anderen Bereichen Lernschwächen, so werden sie sehr häufig nicht in ihren Fähigkeiten gefördert.

Bundesverband Legasthenie: Lässt sich von Pharmalobby für Legasthenieforschung ehren

Der Hermann-Emminghaus-Preis [32]wird alle 2 Jahre vom Pharmaunternehmen Lilly Deutschland GmbH gestiftet und ging im Jahr 2009 an den wissenschaftlichen Beitragt des Legasthenieverbandes BVL e.V. an Prof. Dr. med. Gerd Schulte-Körne an den Forschungsverbund „Genetik der Legasthenie“.

Die Prämierung des Preises von 5500 Euro nahm Pof. Schulte-Körne für den BVL-Forschungsverbund entgegen. Das Ziel der Forscher beschäftigt sich mit der Identifizierung von genetischen Auffälligkeiten, die mit der Legasthenie im Zusammenhang stehen. Längerfristig seien die Bemühungen für die Etablierung von medizinischen Programmen der Frühintervention als Ziel[33].

Lilly Deutschland GmbH[34] sieht im Zusammenhang auch die Legasthenie-Symptome wie bei der ADHS „diese seien aber nicht sehr spezifisch, sie können auch im Zusammenhang bei anderen Erkrankungen auftreten“. Das Pharmaunternehmen will also mit Hilfe des BVL-Experten Prof. Gerd Schulte-Körne medizinische Therapien

[32] http://www.emminghaus-preis.de/bisherige_preistraeger.html
[33] http://www.aerzteblatt.de/foerderpreise/verleihung?id=169
[34] http://www.lilly-pharma.de/

entwickeln. Lilly Deutschland ist eines der führenden ADHS-Pharmahersteller[35].

Prof. Dr. med. Schule Körne arbeiten auch noch eng in seinem Forschungsverbund mit LIFE & BRAIN GmbH zusammen. Es ist ein etabliertes biomedizinisches Unternehmen mit dem Standort Bonn. Man will so zukunftsorientierte Voraussetzung für die Herstellung von zukunftsorientierte Therapie und Diagnosemöglichkeiten für „Erkrankungen des Nervensystems" entwickeln. Daraus sollen künftig Therapiepräparate für den Bereich der Legasthenie entwickelt werden[36].

Bemerkenswerte Verstrickung ist auch das nicht nur Prof. Dr. med. Schulte Körne im Forschungsverbund der Life & Brain GmbH[37]_arbeitet, nein dass ist noch nicht alles. Auch Herr Prof. Dr. Markus Nöthen[38] u.a. Leiter der Abteilung für Genomik am Forschungszenturm Life & Brain arbeitet zusätzlich noch sehr eng mit Prof. med. Schulte Körne im wissenschaftlichen Beirat des wissenschaftlichen Beirates des Bundesverbandes Legasthenie und Dyskalkluie e.V.[39] – Welch ein Zufall!?

Solche Verstrickungen bringen dem Bundesverband Legasthenie und Dyskalkulie e.V. keinen guten Ruf. Daher ist es so zu bezweifeln ob der BVL seine Arbeit für die Betroffenen im Lande macht, oder für die Lobbyinteresses der Pharmaindustrie arbeitet.

Dies sollte eigentlich allen Mitgliedern des Bundesverbandes Legasthenie und Dyskalkulie e.V., die Augen öffnen und Ihre Konzequenzen daraus ziehen.

Quellen:, Bundesverband Legasthenie e.V, Lilly Deutschland GmbH, Life&Brain GmbH, Hermann-Emminghaus-Preis, LegaKids.net

Wir sind nicht alleine auf dieser Welt - Wir reden nicht, wir schweigen nur!

Wir Deutschen sind vielleicht zu perfektionistisch, dass wir nicht darüber reden wollen, dass es viele Menschen in der Bevölkerung (je nach Statistik: 5-20%) gibt, die mit dem

[35] http://www.adhs-schweiz.ch/Zappelphilipp_08.htm
[36] Deutsches Ärzteblatt Heft 21 Jg.106 Mai 2009
[37] http://www.lifeandbrain.com/ (s.h. Genomics)
[38] http://www.uniklinik-bonn.de/quick2web/internet/internet.nsf/vwUNIDLookup/2B8EBA497A701681C12574E10034E4EE
[39] http://www.bvl-legasthenie.de/wissenschaft

Lesen und Schreiben zu kämpfen haben. Sehr pauschal gesehen passen wir ins Bild der Analphabeten, Lernbehinderten, und wer weiß , was es noch so für Bezeichnungen gibt – wenn wir hier weiterdenken würden. In allen Altersklassen, in allen Schichten. Mir begegnete bisher kaum eine Berufsgruppe, in der es keine Legastheniker gibt. Von Störung oder Behinderung war jedenfalls keine Spur. Komisch?

Wenn in einer Gesellschaft ein Tabu aufgebaut ist, lassen sich die Gedankengebäude nur langsam einreißen. Das kommt davon, weil es nur sehr wenige gibt, die sich outen. Würden wir es aber tun, bekäme die Öffentlichkeit ein ganz anderes Bild über uns. Störbilder könnte man entstören. Wir könnten viele entspannter leben. Seit ich es in den letzten Jahren so offen darüber geschrieben habe, wurde ich selbst viel gelassener. Heute erlebe ich es auch Tag für Tag in meiner praktischen Arbeit mit anderen Betroffenen, das ihr Leben leichter wird, sobald sie sich bewusst mit dem Thema auseinandersetzen.

Nur wenn wir darüber reden, wird uns die Öffentlichkeit verstehen – auch wenn es ihr schwer fällt, die alten Mythen und Denkmuster über uns loszulassen.

Was hilft wirklich? Der BVL weiß es – angeblich

Der Selbsthilfeverband Bundesverband Legasthenie und Dyskalkulie e.V. lädt wieder zum 17. Kongress „Stärken erkennen – Stärken fördern“ vom 18. bis 20. März in das CongressCenter nach Erfurt ein.

Schon seit Jahrzehnten erhebt der BVL e.V. den Anspruch, sich mit seiner etwas undifferenzierten und medizinischen Sicht mit den richtigen Förderansetzten auszukennen – was aus einer fachübergreifenden Perspektive in der Legasthenieforschung - wissenschaftlich unvertretbar ist.

Man darf zurecht am Selbsthilfeverband kritisieren, dass er eine sehr einseitig wissenschaftliche Sichtweise vertritt, anstatt interdisziplinär seine Arbeit zu überdenken und zu erneuern. Denn eine undifferenzierte Sichtweise nur nach der ICD-10 der WHO bringt weder eine förderliche Diagnose noch hilfreiche Förderkonzepte hervor. Aus neuester wissenschaftlicher Sichtweise ist eine Therapie von Legasthenie und Dyskalkulie im herkömmlichen Sinne als äußerst fragwürdig zu betrachten. Wenn es sich, wie so oft behauptet, um eine genetische Veranlagung handle, dann gibt es keinen wissenschaftlichen Beleg für eine „Therapie". Der Begriff Therapie wird lediglich für die Kostenabrechnung der Krankenkassen verwendet. Und diese sind, wie wir in unserer Praxis feststellen können, nur in den wenigsten Fällen bereit, die Kosten zu übernehmen. Legastheniker und Dyskalkuliker werden nach und nach samt ihrer Familien zu Therapie-Opfern gemacht. Die Wissenschaft liefert mittlerweile vielfache Beweise dafür, dass es notwendig ist, eine Legasthenie und Dyskalkulie pädagogisch-didaktisch zu fördern, um sie zu kompensieren. Dafür bedarf es allerdings einer wissenschaftlich fundierten Zusammenarbeit verschiedener Fakultäten, die es in Deutschland kaum gibt.

Der Verband kritisiert immer wieder das Bildungssystem, das zu wenig auf die Bedürfnisse der Schüler eingeht. Klar ist, dass kaum ein Schulsystem der Zukunft - ob öffentlich oder in freier Trägerschaft - diesen Anforderungen gerecht werden wird. Das Problem liegt eben nicht im Schulsystem an sich, sondern vielmehr an der Art und Weise, wie Lehrer ihre Schüler auf ihrem Weg begleiten. Es ist dringend notwendig, dass unsere Lehrer bereits im Studium das Handwerkszeug bekommen, um ihre, ihnen anvertrauten Schüler, für das Lernen zu begeistern. Dass man Legastheniker und Dyskalkuliker in einer Schule nicht als behindert oder krank deklarieren darf, ist in Artikel 1 unseres Grundgesetzes verankert: Die Würde des Menschen ist unantastbar…

Es bedarf keines Nachteilsausgleichs - sondern lediglich mehr Offenheit und Verständnis dafür, dass eben jeder Mensch einen anderen Zugang zum Erwerb des Lesens und Schreibens hat. Für eine tolerante und freiheitliche Zivilgesellschaft ist es eine logische Schlussfolgerung, dass jeder Mensch so lernen darf, wie er eben lernen kann.

Leider werden Kinder viel zu schnell von den Schulen zum Therapeuten geschickt. Da die Bereiche hochkomplex sind, sind die vielen Förderangebote nicht zu durchblicken und sehr selten hilfreich. Wichtig ist der wissenschaftliche und fachübergreifende Ansatz, der den Betroffenen helfen kann.

Eine Ausbildung als so genannter Pädagoge, Psychologe, Ergotherapeut oder Logopäde reicht in den seltensten Fällen aus, um zielführend mit betroffenen Kindern zu arbeiten - auch wenn er das LRS,- oder BVL-Zertifikat hat.

Wir beobachten in der Praxis, dass wir weit am Anfang der wissenschaftlichen Diskussion sowie der umfassenden Förderung von Legastheniker und Dyskalkulikern sind.

Der BVL e.V. hat unsere Schwierigkeiten in den letzten Jahren leider eher gefördert als sich als wirkliche Lobby für uns Legastheniker und Dyskalkuliker stark zu machen – das jenseits von einem Störbild oder einer Behinderung.

Fakt ist, dass auch dieser Kongress, unter der Schirmherrschaft von Ursula von der Leyen, so nicht förderlich sein kann, weil er nur einen sehr einseitigen Ansatz fördert, der uns Betroffene eher nur stigmatisiert – anstatt unsere „schwächeren Stärken“ zu fördern – wird geraten, andere Stärken verstärkt zu fördern.

„Die Stärken im **Lesen** und **Schreiben** bzw.

die Stärken im **Rechnen** gilt es zu fördern,

damit sie in **diesen** Bereichen Schritt für Schritt besser werden.

Werden „andere“ Stärken gefördert,

dann verkümmern die

- Lesestärken und die
- Schreibstärken und die
- Rechenstärken noch viel mehr.“

Davon sind wir in Deutschland aber auch international sehr weit entfernt.

Jeden, der jetzt gerne einen Blick in das Programm des BVL-Kongresses wagen will, und ein paar hundert Euro Teilnahmegebühr übrig hat, lade ich ein, sich unter folgendem Link auf der Seite des Verbandes zu informieren: http://bvl-legasthenie.de

Lesefurcht durch verkrustetes Legasthenie-Störbild

Mit der Lesefurcht haben viele Legastheniker zu kämpfen. Man hat ihnen förmlich das Lesen in der Schule verhagelt. Viele fürchten sich auch, vor dem Gelächter, nicht laut vor der Gruppe Lesen zu können. Viele erlebten schwere Demütigungen und daraus einstanden viele verschiedenen Opferrollen wie Schulversagen, Ängste, und andere Außenseiterrollen, die sich bis zum Erwachsenen Leben weiterentwickelt haben.

Im Fachbereich nennt man diese Sekundärlegasthenie, zu Deutsch: „Legasthenie mit Folgeerscheinungen." Diese sind bei den meisten Erwachsenen Legasthenikern sehr unterschiedlich. Dies hängt sehr oft an der persönlichen individuellen Entwicklung, auch am sozialen Umfeld der Eltern, wie sich solche Folgeerscheinungen entwickeln können. Wenn es wirklich um eine erworbene Legasthenie geht, ist meistens immer etwas schwieriger. Da sehr meistens ein Elternteil in der Familie, mitbetroffen ist. Jede soziale Schicht geht mit der Legasthenie anders um, auch jede Generation ging mit dieser Thematik anders um. Es gab auch Zeiten in Deutschland, wo man Legasthenikern besser geholfen hat – auch wenn man nicht das Wissen hat, was man heute darüber besitzt. Schon durch die Schweizer Psychologin Dr. Maria Lindner die eine Legasthenie ganz pragmatisch sah und schloss eine Lernbehinderung bei Legastheniker aus, und sprach sich auch für die spezielle pädagogische Förderung aus. Sie erkannte schon damals das sich die Legasthenie unabhängig von der Intelligenz eines Menschen entwickelt. Sie war auch der Meinung das nicht wenige legasthene hochbegabte sind. Im Gegenzug zu Ranschburg, der uns als einen Fall für die Sonderschule sah. Diese Sichtweise von Ranschburg ist in den Kreisen der Psychologen und Mediziner, heute noch vorherrschend. In einigen Medizin-Lexikas findet man heute noch die alten Definitionen von Ranschburg[40].

In den letzten Jahren habe ich immer wieder Legastheniker und Familien kennengelernt, wo die Kindern in den alten Bundesländern in den 50er und 60er Jahren zu Schule

[40] http://www.legasteniehilfe-eva-heldenmaier.de/Legasthenie/Erforschung/erforschung.html

gingen, in dieser Zeit ist man viel praktischer mit der Legasthenie umgegangen sein. Ende der 60er Jahre bis heute machte sich wieder die Anti-Legasthenie-Bewegung im deutschen Bildungssystem bereit, sehr stark beeinflusst von der 68er-Bewegung. Da kam vermehrt die „Lernstörung“ hervor die heute noch zu 90 Prozent in allen Bereichen der Gesellschaft präsent ist. Diese falsche Sichtweise verkörpert auch der Bundesverband Legasthenie und Dyskalkulie e.V., wenn man sich die Geschichte genauer ansieht, weiß man auch, warum, dieser Verband nach 35 Jahren Arbeit immer noch so darüber denkt. Er ist genauer gesagt : „Ein Kind der damaligen ‘Anti-Legasthenie-Bewegung’.“So muss man die Zusammenhänge verstehen. Darum hat sich im pragmatischen Verständnis sich auch nicht weiterentwickelt, die Kommunikation des Verbandes klingt heute noch wie Ende der 60er und Anfang der 70er Jahre. Man muss sich nur einmal alte Legasthenieliteratur aus dieser Zeit durchlesen, man wird viele Parallelen vorfinden.

Der kurze geschichtliche Exkurs zeigt uns, warum in unseren Deutschen Köpfen noch ein altes verkrustetes Störbild vorherrscht. Und wenn man Kindern vorwirft, dass sie „gestörte“ sind oder vielleicht ein Defizit haben, werden sie sich auch nicht zum Lustleser entwickeln können. Es kann einfach nicht sein, den Kindern vorzuwerfen das Sie eben schwach oder gestört seien. So entsteht nur ein großer Schaden in der persönlichen Entwicklung. Darum erlebt man immer wieder in der Praxis, das nicht wenige eher eine Lesefurcht statt Leselust entwickeln. Man muss die Vergangenheit verstehen, um auch die verschiedenen Schwierigkeiten im einordnen zu können.

Daher brauchen wir eine pragmatische Sichtweise, die Legasthenikern einen vollwertigen Zugang zum Bildungssystem ermöglichen, dass aber jenseits aller Störbilder.

Die Andere individuelle genbedingte Sinneswahrnehmung, bringen die Legasthenie und die Dyskalkulie hervor

Zuallererst möchte ich erstmal abklären was die Teilleistungen sind! – die Teilleistungen nennt man auch Sinneswahrnehmungen. Das heißt genauer: „Seh (**Optik**),- Hör**(Akustik)**,- und **Sprachverarbeitung, Raumwahrnehmung**, genau diese funktionieren bei legasthenen und dyskalkulen Menschen sehr unterschiedlich. Diese „Sinneswahrnehmungsfunktionen" müssen aber reibungslos funktionieren sowie miteinander Funktionieren um das wir die Kulturtechniken erlernen können und dass, eben Fehlerfrei.

Da die Legasthenie und Dyskalkulie eine Erbanlage des Menschen ist, und nicht viel anders als wenn Menschen: rote, braue, blonde Haare haben. Genau da sind auch die Gene dafür verantwortlich um das diese Haarfarben entstehen. Bei uns legasthenen und dyskalkulen Menschen ist es daher durch die andere individuele Genveranlagung, eine andere Verarbeitung der Seh,- Hör,- und Sprachverarbeitung vorhanden die auch eine andere Raumwahrnehmung, sowie ein anders Körpergefühl hervorrufen kann. Dies ist bei allen legasthen und dyskalkulen Menschen sehr unterschiedlich und kann auch erst in den ersten Schuljahren diagnostiziert werden, ob es über auch um diese Veranlagung handelt, den, wenn wir auf die Kulurtechniken stoßen , und diese Lernen müssen können wir mit Unruhe und Unaufmerksamkeit zu kämpfen haben. Es entstehen daher Rechtschreibfehler, Schwierigkeiten beim Lesen, und eben auch Rechnen, weil dies unsere Genveranlagung so dies hervorruft. Von der Grundintelligenz sind wir alle mal in der Lage die Kulturtechniken zu erlernen, wir brauchen eben möglichst schon in den ersten Schuljahren (7 & 8 Lebensjahr ist es optimal!) eine richtige Diagnose, sowie ein individuelles Training unserer Sinne, und das arbeiten eben an den individuellen Rechtschreibfehlern. (Dies muss möglichst durch einen Legasthenieexperten bzw. diplomierten Legasthenietrainer erfolgen!)

Umso früher die Interventionen und Präventiven Maßnahmen passieren, um so besser für den betroffenen, aber auch für eine ganze Gesellschaft.

Es ist falsch immer gleich wenn Kinder Symptome anders Funktionierter Teilleistungen zeigen zum Psychologen zu rennen, wenn nicht nachweislich irgenwelche Oranischen oder Psychischen Erkrankungen erkannt wurden. Die können auch vor kommen. Diese sind aber nicht so sehr häufig, bei einem Legasthenen und Dyskalkulen Menschen gehen man von einer gesunden Psyche und auch gesunden Organen aus, natürlich im frühsten Kinderstadium. Wenn man sie nicht erkennt, erlebt das jeweilige Kind die Hölle im Bildungssystem und es kommt zu Folgeproblemen die unsere Gesellschaft tragen muss: Ängste und Depressionen, Suchtkrankheiten, Verhaltensauffälligkeiten (**Diese haben nicht mit der ADHS zu tun!**), sowie Kriminalität sind die Folgen. Dies bedeutet einen sehr hohen Gesamtgesellschaftlichen Schade, den man aber durch frühe Initiative der Eltern, Pädagogen, und andere aufgeklärten Fachexperten sehr wohl vermeiden kann.

Denn Gerade durch die differenzierte Wahrnehmung und Intelligenz dieser Menschen haben sie auch einen andren Zugang in vielen Bereichen des Lernens, u.a. vielen, vielen Bereichen mehr – diese können auch sehr gut kompensieren und ganz spezielle Begabungen und Hochbegabungen entwickeln. Aber da werde ich ein anderes Mal genauer eingehen.

Besonders wichtig ist: das man unterscheidet das es auch "nicht-genbedingte", eben erworbene Lernschwierigkeiten wie Rechenschwierigkeiten, und LRS gibt, die aber nichts mit einer Legasthenie und einer Dyskalkulie zu tun haben. Denn bei diesen Menschen kommen die Schwierigkeiten zum Teil von äußerlichen Einflüßen: Stress, frühkindlichen Hirnschädigungen, Krankheiten der Augen, Ohren, schwere Sprachfehler, unter anderem auch Intelligenz bedingte Beeinträchtigungen. Aber auch fehler in der pädagogik und didaktik, sowie ein schwach stimmuliertes und wenig kommunikatives Umfeld können die Ursache habe, dies kann man aber abklären durch verschiedene Experten. Es können auch nur zeitweilig Schwierigkeiten auftretten und auch wieder ganz verschwinden.

Diesen Menschen kann man aber genauso helfen, auch mit einem Legastheniespezialisten weil Er diese, gute Einschätzen und Unterscheiden kann. Denn eine erworbene Rechenschwäche und LRS, braucht ein anderes Training. Wie z.B. Aufmerksamkeit, Konzentration und individuelles Arbeiten an den Fehlern. Sie brauchen im Kindesalter als kein training der Sinneswahrnehmung.

Die unterschiedlichen Wahrnehmungswelten - legasthener Menschen und nicht-legasthener (Hypothese)

Mehr und mehr verstehe ich die Zusammenhänge unserer unterschiedlichen Wahrnehmungswelten. Zum einen gibt es eine abgeschirmte „latent gehemmte Wahrnehmung“ und zum anderen eine sehr „offene“ Wahrnehmungswelt. Aus dem „nicht-legasthenen“ bzw. aus dem latent gehemmten Wahrnehmungsblickwinkel, werden wir als gestörte empfunden.

Wir empfinden aber die so genannte „latent gehemmte Welt“, die vielschichtig ihre Wahrnehmung auf Fakten und Logik abgeschirmt haben als unbeweglich und unkreativ. Darum gibt es aufgrund unserer anderen Wahrnehmung immer wieder Diskrepanzen. Wir können nicht abgeschirmt denken, weil unserer Wahrnehmung 360° offen ist, die andere der latent gehemmten ist in der Wahrnehmung aufs Minimum reduziert. Diese beiden Welten können sich nicht verstehen, da diese Different sind.

Sicherlich gibt es sehr viele verschiedene Facetten dieser unterschiedlichen grob definierten Wahrnehmungsmuster. Auch in der Wissenschaft ist bis heute bekannt, dass viele von uns mehr mit der rechten Gehirnhälfte denken, diese ist für das emotionale, kreative, und alle umfassende ganzheitliche Denken zuständig, bringt und aber Schwierigkeiten in der sprachlichen Verarbeitungder Sinne, wenn es um Symbole, Buchstaben oder Zahlen geht. Diese liegen nicht an organischen Krankheiten, sondern an unser normalen veranlagten Wahrnehmungsfunktionen. Die linke Gehirnhälfte, die maßgeblich von der "latent gehemmten Wahrnehmung" benutzt wird, ist für Logik, Sprache, und selektiven Denken zuständig. Diese kann auch gedankliche Prozesse gezielter Lenken und Differenzieren.

Umso mehr ich mich mit dem Thema Legasthenie beschäftigte, fällt es mir auch auf das diese Menschen wirklich von ihrer Wahrnehmung anders beschaffen sind - deswegen aber nicht gestört sind, sondern eine andere Form der Wahrnehmung und Intelligenz besitzen. Nur in unseren alphabetisierten Kultur werden wir als Störung empfunden. Was wäre aber wenn wir die Masse dieser Gesellschaft wären? Vielleicht würden wir dann die Leute die mit einer "latenten Hemmung" ausgestatteten, als gestörte empfinden. Weil sie auch nicht in unsere Normung passen würden.

Umso mehr ich mich mit der wissenschaftlichen Literatur beschäftigte, muss sich ich wissen dass diese immer von sogenannten „latent gehemmten“ Wahrnehmung verstanden und interpretiert wurde. Daher wird für mich vieles in ganz anderen Zusammenhängen viel klarer und deutlicher, denn die wissenschaftlichen Zusammenhänge brauchen unsere Wahrnehmung, um diese richtig zu interpretieren.

Denn die latent gehemmte Wahrnehmung kann eigentlich nicht so recht differenzieren. Sie denkt nur die „Guten ins Töpfchen, die schlechten ins Körbchen“, wie eben ein Computerprogramm. Genau darum braucht es für dieses Thema unserer Wahrnehmung. Deswegen braucht es uns Legastheniker, noch viele Wissenschaftler und Forscher. Nur wir, können uns selber verstehen! Denn ein Blinder kann uns auch nicht die Farben erklären. Da braucht es auch einem der in der Welt bunter Farben lebt.

Neulich ging durch die Dresdner Neustadt und blieb vor einem Ladenfenster stehen. Die eine Perspektive, nur durch einen Rahmen sehen konnte. Dieser soll für die latente gehemmte Wahrnehmung stehen. Dann der Blick mit mehreren Rahmen, mit vielen Denkmustern und Perspektiven, so kann man sich vielleicht in abstrakter Form unser Denken vorstellen. Sollte man so eine interessante und vielschichtige Form des Denkens und Wahrnehmens, wirklich als „Störung“ empfinden?

Man kann aber nicht sagen, welche Form der Wahrnehmung nun besser ist, für die Industrie oder Fließbandarbeit ist eine „latente Hemmung“ bestimmt von Vorteil. Für Kreativität, Sozialarbeit, Erfindung und Forschung ist unsere „offene Wahrnehmung“ eine unwahrscheinliche Bereicherung. Genau diese Perspektive benötigen wir für die ganzheitliche Integration, dieser Menschen in unserer Gesellschaft. Darum ist eine Differenzierung von erworbenen Schwierigkeiten LRS und veranlagten Legasthenie unumgänglich. Denn Menschen mit erworbenen Schwierigkeiten mit dem Lesen und Schreiben, besitzen seltener so eine offene Wahrnehmung, als Menschen mit einer Veranlagung "Legasthenie". Dies hängt eindeutig an der ungleichmäßigen

Zusammenarbeit unserer Sinneswahrnehmung, es ist meine hypothetische Annahme, dass es sich so verhält. Es ist eben ein weiterer Aspekt, der uns differenzieren lassen muss.

2. Überarbeitung, am 26-10-2010 um 21.45 Uhr

Coming-aut: Eine Legasthenikerin geht ihren Weg

Jana Kunath ist Legasthenikerin und Dyskalkulikerin, die durch die Förderung von Legasthenie Coaching aus Dresden gute Fortschritte gemacht hat. Weil nur wenige Betroffene sich trauen, sich zu outen, äußerte sie den Wunsch, in Form einer Reportage aus ihrem Leben zu erzählen.

Dresden, 11.09.2012 – Jana Kunath erlebte, was nicht wenige junge Menschen erleben, die von einer familiär (genetisch) bedingten Kombination aus Legasthenie/Dyskalkulie betroffen sind: Aus Unwissenheit und Unkenntnis im Bildungswesen müssen sie auf eine Förderschule für Lernbehinderte gehen – wie es auch dem Gründer von Legasthenie Coaching, Lars-Michael Lehmann, ergangen ist.

In der Schulzeit sprach man zwar nur allgemein von den Lernschwächen „Lese- und Recht-Schreibschwäche“ (LRS) und „Rechenschwäche“, durch welche man auf eine niedrigere Intelligenz schloss, um sie als Lernbehinderte einzuordnen. Jana Kunath erfuhr in ihrem Leben einige Fehleinschätzungen in der Schule und durch Psychologen, obwohl ihrem Umfeld auffiel, dass sie normal intelligent war, was zu ihrem Sonderschul-Status nicht passte.

Durch eine Burn-Out-Erkrankung kam bei ihr die Sache ins Rollen. Zuvor wurde Jana von ihrem Chef so unter Druck gesetzt, dass sie den Arbeitsalltag nicht mehr bewältigen konnte. Eines Tages kam Jana dann zu einem 6-wöchigen Kuraufenthalt, wo sie noch einmal genau von einer Psychologin testpsychologisch untersucht wurde. Bei dieser

Testung stelle sich heraus, dass Jana Kunath keine typische Lernbehinderte, sondern durchschnittlich normal ist. Die Probleme würden nur in einer vermutliche Lernschwäche im Lesen, Schreiben und Rechnen begründet liegen. So nahm die Psychologin mit Legasthenie Coaching in Dresden Kontakt auf, wo das erste Mal in Janas Leben eine Kombination aus Legasthenie und Dyskalkulie bestätigt wurde.

Ab diesem Zeitpunkt hatten die Lernprobleme von Jana Kunath aus Dresden einen Namen: Legasthenie und Dyskalkulie. Ein Elternteil von Jana hatte dieselben Probleme in der Schule, man hat nur die ganzen Jahre nicht darüber gesprochen, weil diese Schwierigkeiten ein Tabuthema in den Familien sind. Durch die Hilfe und Förderung von Legasthenie Coaching konnte Jana große Fortschritte im Lesen, Schreiben wie auch Rechnen machen.

Sie fasste auch wieder Mut, um sich zu bewerben und hat sich sogar im Bewerbungsschreiben geoutet, Legasthenikerin und Dyskalkulikerin zu sein. Nach einiger Zeit bekam Jana Kunath wieder die Chance, in Dresden als Beiköchin zu arbeiten. Wie ihr Lebensgefährte Marcel Winkler sowie die angehende Schwiegermutter Manuela Winkler und auch der zukünftige Schwager Christian Winkler Janas Entwicklung und Outing beobachteten, darüber berichten sie in der Reportage. Der Dresdner Legasthenieexperte und Gründer von Legasthenie Coaching erläutert aus neuster wissenschaftlicher Sicht die Lebensgeschichte von Jana Kunath und ihre persönliche Entwicklung.

Das YouTube-Video ist eine Produktion von Tabea Osswald im Auftrag von Jana Kunath nach einer Idee von Lars-Michael Lehmann.

Hier finden Sie den Link zum Video[41]

[41] http://www.youtube.com/watch?v=RcEGz0Z0GrY&feature=g-upl

Printed by Books on Demand GmbH, Norderstedt / Germany